Norbert Berger

Zeitgenössische Romane –
Ideen und Materialien für den Literatur-Unterricht

Bernhard Schlink: Der Vorleser

 Mit Materialien zum Film

Gedruckt auf umweltbewusst gefertigtem, chlorfrei gebleichtem und alterungsbeständigem Papier.

5. Auflage 2018
Nach den seit 2006 amtlich gültigen Regelungen der Rechtschreibung.
Die Originaltexte des Textanhangs sind in alter Rechtschreibung belassen.
© Auer Verlag
AAP Lehrerfachverlage GmbH, Augsburg
Alle Rechte vorbehalten
Das Werk und seine Teile sind urheberrechtlich geschützt. Jede Nutzung in anderen als den gesetzlich zugelassenen Fällen bedarf der vorherigen schriftlichen Einwilligung des Verlages. Hinweis zu § 52a UrhG: Weder das Werk noch seine Teile dürfen ohne eine solche Einwilligung eingescannt und in ein Netzwerk eingestellt werden. Dies gilt auch für Intranets von Schulen und sonstigen Bildungseinrichtungen.
Umschlagfoto: fotolia
Satz: krauß-verlagsservice, Niederschönenfeld
Druck und Bindung: Franz X. Stückle Druck und Verlag, Ettenheim
ISBN 978-3-403-**06221**-9

www.auer-verlag.de

Inhalt

Vorwort 5

Legende 6

Stundenbilder

1./2. Stunde 7
Funktionen von Literatur
Vermutungen über den Inhalt des Romans
Romananfang und Anfangskapitel

3./4. Stunde 9
Frauen mit jüngeren Liebhabern
Liebesbeziehung zwischen Michael und Hanna

5./6. Stunde 14
Michaels Hausträume
Michael in seiner Familie
Pubertierende Jugendliche

7./8. Stunde 17
Wiedererkennen Hannas im Gericht
Das System der NS-Konzentrationslager

9. Stunde (fakultativ) 19
Historische Informationen zu KZ-Aufseher(innen) und die Parallelen zum Roman

10./11. Stunde 21
Hannas Schuld als KZ-Aufseherin
Literarische Verarbeitungen des Holocaust

12. Stunde 23
Die Schuld der Generationen

13. Stunde 28
Analphabetismus

14./15. Stunde 30
Michaels Schuldgefühle
Erneute Beurteilung von Hannas Schuld

16./17. Stunde 32
Michaels Leben ohne Hanna
Michaels Beziehung zu Hanna nach dem Prozess
Funktion von Hannas Alphabetisierung
Hannas Selbstmord
Michaels „erzählerische" Verarbeitung der Vergangenheit

18. Stunde 35
Erzählendes und erlebendes Ich

19./20. Stunde 38
Innere Monologe

21./22. Stunde 42
        Michaels Erinnerungsvermögen
        Leitmotive
        Der Entwicklungsroman

23. Stunde 47
        Kapitelanfänge
        Wiederholung des Romaninhalts
        Aufbau des Romans
        Funktionen von Literatur

24. Stunde 50
        Lehrervortrag zum Film
        Erwartungen an den Film und Probleme der filmischen Umsetzung des Romans

25.–27. Stunde 52
        Verteilung von Beobachtungsaufgaben
        Betrachten des Films

28. Stunde 54
        Besprechung der Beobachtungsaufgaben

29. Stunde 59
        Filmkritiken

Materialteil

Texte 60

Abbildungen 110

Tafelbilder 112

Arbeitsblätter 114

Vorwort

Bernhard Schlinks Roman „Der Vorleser", 1995 im Diogenes Verlag erschienen, wurde zu einem der erfolgreichsten Werke der deutschen Literatur des ausgehenden 20. Jahrhunderts. Der Autor wurde dafür unter anderem 1998 mit dem *Hans-Fallada-Preis* der Stadt Neumünster, im Jahr 2000 mit dem *Buchpreis des Deutschen Verbandes der Evangelischen Büchereien* und mit dem *Prix Laure Bataillon für übersetzte Literatur* ausgezeichnet. Der Roman hielt sich lange Zeit auch auf den Bestsellerlisten Frankreichs, Großbritanniens und der Vereinigten Staaten, was für ein deutsches Buch recht ungewöhnlich ist, und wurde bislang in fast 40 Sprachen übersetzt. 2008 wurde der Roman von Stephen Daldry mit Kate Winslet in der Rolle der Hanna verfilmt.

Dieser Welterfolg ist vor allem in der zeitgeschichtlichen Dimension des Romans, insbesondere in der Auseinandersetzung der Deutschen mit ihrer nationalsozialistischen Vergangenheit zu suchen, wobei im Unterschied zu anderen Werken der deutschen Nachkriegsliteratur bei Schlink nicht die Sichtweise der Opfer, sondern die einer Täterin und ihres jugendlichen Geliebten im Mittelpunkt steht. Zusätzliche Raffinesse erhält der Roman dadurch, dass zum einen die Täterin nicht als seelen- und gefühlloses „Monster" dargestellt wird, sondern teilweise menschliche Züge erhält, und zum anderen dass die Abrechnung der nachfolgenden Generation mit ihren „Vätern" differenzierter gesehen und stellenweise sogar kritisch hinterfragt wird.

Ungeachtet der leichten Lesbarkeit dieses spannenden Romans, bietet er Schülern[1] der Sekundarstufe II durch die Lektüre viele interessante Denkanstöße. Schon darin, dass die Probleme eines anfangs 16-jährigen Jungen und seine ersten Erfahrungen mit Liebe und Sexualität thematisiert werden, liegt ein Grund für seine Behandlung im Unterricht. Wichtiger noch als dieser sicherlich für junge Leser reizvolle „Aufhänger" der Handlung ist, dass die heutige Generation der Schüler den Nationalsozialismus und die Verfolgung und Tötung von Millionen von Juden nur aus Fernsehdokumentationen oder dem Geschichtsunterricht kennt. Der Literaturunterricht kann hier einen Beitrag zur aktiven, gedanklichen Auseinandersetzung mit dieser dunklen Seite der deutschen Vergangenheit und damit auch mit der Frage nach einer kollektiven, an alle nachfolgenden Generationen weitergegebenen Schuld leisten. Indem auf die Fragen des Erzählers nach der Schuld im Roman keine eindeutigen Antworten gegeben werden und sie vom Leser selbst beantwortet werden müssen, erhalten die Schüler bei der Lektüre sowie der Besprechung des Buches und der Verfilmung im Unterricht einen breiten Spielraum für eigene Gedanken.

Die vorliegende Unterrichtseinheit versucht, diesem Spielraum Rechnung zu tragen und durch methodisch abwechslungsreiche Stunden die Motivation der Schüler noch zusätzlich zu erhöhen. Neben traditionellen Verfahren wie Unterrichtsgespräch und Schülerreferat werden auch neuere Methoden wie Gruppen- und Freiarbeit, handlungsorientierte und kreative Phasen vorgeschlagen.

Um Ihnen die Unterrichtsvorbereitung möglichst zu erleichtern, sind in dem vorliegenden Werk sämtliche Tafelbilder und Arbeitsblätter sowie eine große Zahl an Sekundärtexten und Abbildungen als Kopiervorlagen abgedruckt.

Alle in dem vorliegenden Band genannten Seitenangaben zu Bernhard Schlinks „Der Vorleser" beziehen sich auf die Taschenbuch-Ausgabe (detebe 22953) des Romans.

---

[1] Aufgrund der besseren Lesbarkeit ist mit Schüler auch immer Schülerin gemeint, ebenso verhält es sich mit Lehrer und Lehrerin etc.

Legende

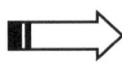 Einstieg

 Unterrichtsgespräch

 Textlektüre

 Diskussion

 Hausaufgabe oder kreative Phase

 Schülerreferat

 Textanalyse

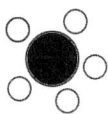 Gruppenarbeit

 Wiederholung und Vertiefung

 Rollenspiel oder Standbilder

 Filmanalyse

1./2. Stunde

➡ HINFÜHRUNG:
FUNKTIONEN VON LITERATUR

Bevor mit der Lektüre und Besprechung des Titels und Romananfangs begonnen wird, wird die Klasse aufgefordert, über unterschiedliche Funktionen bzw. den persönlichen Nutzen von Literatur nachzudenken. Die Ergebnisse werden an der Tafel festgehalten und – da sie am Ende der Unterrichtseinheit noch einmal benötigt werden – von einem Schüler protokolliert. Folgende Funktionen werden unter anderem genannt werden:
- Identifikation mit Figuren, spannende Unterhaltung
- lesende Entdeckung fremder Welten und vergangener Zeiten
- Übertragung des Gelesenen auf die eigene Lebensrealität
- Übertragung des Gelesenen auf die aktuelle Zeit
- Bewältigung von Problemen („Lebenshilfe")
- Anregung zum Schreiben eigener Texte

➡ EINSTIEG:
VERMUTUNGEN ÜBER DEN INHALT DES ROMANS

Sobald die Schüler ihre Exemplare von Bernhard Schlinks Roman „Der Vorleser" in den Händen halten, werden sie aufgefordert, aufgrund des Titels Vermutungen über den Inhalt des Buches anzustellen. Dabei sollte sich der Lehrer weitgehend zurückhalten und auf keinen Fall sein Vorwissen einbringen.
Unter anderem sind folgende Mutmaßungen aus der Klasse denkbar:
- Geschichte eines Jungen, dessen (eventuell einseitige) schulische Begabung im Bereich des Vorlesens liegt oder gerade in diesem Bereich Defizite aufweist
- Geschichte eines Schriftstellers, der seinen Lesern aus seinen Werken vorliest
- Geschichte eines Universitätsprofessors, der vor seinen Studenten Vorlesungen hält
- Geschichte eines Vaters, der seinen Kindern aus Büchern vorliest

In die Vermutungen kann natürlich auch die Gestaltung des Titelbildes einbezogen werden. In der Taschenbuch-Ausgabe des Diogenes Verlags ist es ein Ausschnitt aus dem Gemälde „Nollendorfplatz" des Expressionisten Ernst Ludwig Kirchner, das vage Andeutungen auf eine Großstadt als Handlungsort und die später im Roman eine Rolle spielende Straßenbahn zulässt.
Entscheidend ist, dass in dieser Einstiegsphase die Lesemotivation der Klasse geschaffen oder erhöht wird. Die Neugier der Schüler auf den Roman soll geweckt werden.

1. PHASE:
BESPRECHUNG DES ROMANANFANGS

Auf den Roman neugierig geworden, lesen die Schüler seinen Anfang: S. 5–6 Mitte (bis „Ich trocknete mein Gesicht mit einem Taschentuch.")
Im Anschluss äußern sie sich zum Verhalten Michaels und der Frau. Unter anderem sollte im Verlauf der Diskussion auch zur Sprache gebracht werden, ob sie sich genauso wie Michael verhalten hätten und inwiefern die Frau dem Jungen helfen könnte.

 ## 2. Phase:
Lektüre des gesamten Anfangskapitels und Erstellung eines Tagebucheintrags

Nun wird das 1. Kapitel des Romans von der Klasse still zu Ende gelesen. In Gruppenarbeit verfassen die Schüler danach einen Tagebucheintrag Michaels von dem Tag, an dem er die Frau zum ersten Mal sah. In dem Text soll der Junge seine Erlebnisse reflektieren und seine Gefühle und Gedanken beschreiben.

Beispiel eines solchen Schülertextes:
War das ein seltsamer Tag heute! Mir war speiübel, als ich von der Schule heimlief. Schon seit Tagen geht es mir schlecht und ich fühle mich richtig wackelig auf den Beinen. Und dann habe ich doch tatsächlich in der Bahnhofstraße kotzen müssen. Als eine Frau zu mir gekommen ist und sich erkundigt hat, was los ist, war mir das ganz schön peinlich. Ich muss ja furchtbar gerochen haben, und meine Hände und mein Hemd waren total vollgekotzt. Und dann hat sie mir im Hinterhof an einem Wasserhahn die Hände und das Gesicht gewaschen. So etwas ist mir noch nie passiert. Sie ist mindestens 15 Jahre älter als ich, sah aber gar nicht schlecht aus. Sie hat mich sogar fest an ihren Busen gedrückt. Obwohl sie ein bisschen nach Schweiß gerochen hat, war das ein schönes Gefühl. Aber ich wusste nicht, was ich machen sollte, weil ich noch nie so nah bei einer fremden Frau war. Sie hat mich dann sogar noch bis zu unserem Haus begleitet. Meinen Eltern habe ich davon nichts erzählt. Meine Mutter hat gemerkt, dass ich käseweiß war, und hat gleich den Arzt geholt. Gelbsucht! Jetzt liege ich erst mal flach. Die Frau geht mir nicht aus dem Kopf. Ob ich sie besuchen soll, wenn es mir wieder besser geht?

Bei der anschließenden Vorstellung und Besprechung einiger Schülertexte muss vor allem der Unterschied zwischen der unmittelbaren Wiedergabe der Gefühle und Gedanken Michaels im Tagebuch (sehr geringe zeitliche Distanz zum Geschehen) und den relativ emotionslosen und nüchternen Formulierungen des Ich-Erzählers in Schlinks Roman, welcher das Geschehen aus einer unverkennbaren zeitlichen Distanz heraus überblickt, herausgearbeitet werden, wofür sich zahlreiche Belege im Roman finden lassen, wie z. B.: „Irgendwann erzählte ich meiner Mutter von der Frau." (S. 7)

 ## Hausaufgabe:

Romanlektüre von Teil 1 (bis S. 81)

3./4. Stunde

 **EINSTIEG:** Text 1 | Text 2 | Text 3 | Text 4 | TB 1

TEXTE ÜBER BEZIEHUNGEN VON FRAUEN ZU WESENTLICH JÜNGEREN LIEBHABERN

Zunächst wird kurz diskutiert, inwiefern ein Altersunterschied von 21 Jahren in einer Partnerschaft ein gesellschaftliches Problem darstellen kann. Dabei kann unter anderem zur Sprache kommen,
– dass die Beziehung eines älteren Mannes zu einer jüngeren Frau eher gesellschaftlich toleriert wird als umgekehrt,
– dass Michaels Verhältnis mit Hanna in den 50er Jahren des 20. Jahrhunderts noch ausgeprägter als Skandal angesehen worden wäre als heute.

Anschließend lesen die Schüler entweder einen Artikel aus der Zeitschrift „Woman" **(Text 1)**, „Cosmopolitan" **(Text 2)** oder „Für Sie" **(Text 3)**, in denen es um Beziehungen zwischen Frauen und jüngeren Männern geht.

Aus je einem der drei Texte notieren die Schüler entweder
– die Bedingungen und Ursachen für solche Beziehungen
– oder die Vorteile für die Frauen
– bzw. für die Männer
– oder die Nachteile für die Frauen
– bzw. die Männer.

Dadurch ergeben sich insgesamt fünfzehn verschiedene Lektüre-Aufträge, die möglichst gleichmäßig auf die Klasse verteilt werden.

Die Ergebnisse, die anschließend im Unterrichtsgespräch gesammelt werden, sind im Folgenden stichpunktartig aufgelistet:

Bedingungen und Ursachen:
– Frauen werden zunehmend wirtschaftlich unabhängig.
– Beziehungen von Frauen zu sehr viel jüngeren Männern werden mehr und mehr gesellschaftlich akzeptiert („Enttabuisierung").
– Das Selbstbewusstsein reiferer Frauen ist gestiegen („lassen sich weniger hineinreden als früher").
– Reifere Frauen sehen inzwischen besser aus als in früheren Zeiten.
– Die sexuelle Blütephase der Frau beginnt ab Mitte 30, bei Männern liegt sie früher.

Vorteile für Frauen:
– Jüngere Männer sind spontaner und offener, die Frauen können so „eingefahrene Gleise" verlassen.
– Jüngere Männer bringen weniger „Altlasten" aus früheren Beziehungen (Ex-Frauen, Wochenend-Kinder) in die neue Beziehung und haben noch keine schlechten Erfahrungen gesammelt.
– Sie haben eine größere Auswahl an Partnern, weil eine große Zahl gleichaltriger Männer bereits gebunden ist.
– Sie sind mit einem sexuell aktiven Mann zufriedener.
– Sie bleiben dadurch jung („frisch"), weil seine „jugendliche Frische auf sie abfärbt".
– Jüngere Männer sind ihnen gegenüber toleranter und nachgiebiger.
– Durch die partnerschaftlichere Einstellung der jüngeren Männer genießen sie mehr Freiheiten.
– Die Partnerschaft solcher Paare ist gleichberechtigter.
– Frauen haben ihre Rolle im Leben schon gefunden, bereits Karriere gemacht, brauchen sich nichts mehr gegenüber ihren Partnern „erkämpfen".
– Frauen überdenken ihre Ansichten durch die jugendliche Unbekümmertheit der Männer.

Vorteile für Männer:
– Die jüngeren Männer bekommen „neue Impulse", da sie zum Beispiel in Theaterpremieren gehen.

- Sie kommen mit einer starken Frau besser zurecht, wenn sie deutlich älter ist als er, weil das „eingefahrene Rollenverständnis" der Männer dadurch nicht gesprengt wird; sie vertragen „durchaus deutliche Worte, ohne in ihrer Ehre gekränkt zu sein".
- Sie schätzen die Erfahrung und das Wissen der älteren Frauen, sind nicht neidisch auf sie und „haben kein Problem, dass sie in manchen Bereichen die Kompetentere ist".
- Ihnen gefällt, dass die Frau die Entscheidungen trifft, und sie empfinden dies nicht als persönliche Schwäche.
- Sie können Selbstbewusstsein und Stärke demonstrieren, indem sie zu ihrer ungewöhnlichen Beziehung stehen.
- Männer haben oft das Bedürfnis, durch erfahrene Frauen in die Sexualität eingeführt zu werden.
- Sie erhalten Hilfe beim Erwachsenwerden.
- Durch die Lebenserfahrung der Frauen reifen sie schneller.
- Der Erfahrungsvorsprung der Frauen macht ihnen Spaß.
- Ihr Auftreten wird selbstbewusster.
- Ältere Frauen sind ihnen gegenüber toleranter und gelassener.
- Sie genießen die größere Reife und Ausstrahlung älterer Frauen.

Nachteile für Männer:
- Sie können häufig aufgrund des Alters ihrer Partnerin nicht mehr Vater werden.
- Sie vermissen den Dialog mit Gleichaltrigen.

Nachteile für Frauen:
- Ältere Frauen sind später weniger begehrenswert.
- Sie vermissen den Dialog mit Gleichaltrigen.
- Jüngere Männer sind anstrengender, weil sie den Platz in ihrem Leben noch suchen, noch nicht Karriere gemacht haben.
- Es besteht die Gefahr, dass jüngere Männer sich mit der Zeit eine jüngere Frau suchen.

Um auf die folgende Phase überzuleiten, werden die Schüler aufgefordert, sich hinsichtlich der Übertragbarkeit der gewonnenen Erkenntnisse zum zu Hause gelesenen ersten Teil des Romans zu äußern. Sie werden anführen, dass Michael in der Tat durch Hanna in die Sexualität eingeführt und dadurch schneller erwachsen und selbstbewusster wird, aber durch sein Verhältnis zur ihr auch weniger Kontakt mit Gleichaltrigen hat. Auch werden die Schüler eine auffallende Nachgiebigkeit Michaels gegenüber Hanna anführen. Ob sich Hanna bewusst einen Liebhaber suchte, den sie nach ihren Wünschen lenken kann, könnte innerhalb der Klasse diskutiert werden. Von einer gleichberechtigten Partnerschaft werden die Schüler allerdings nicht sprechen. Die Geheimhaltung der Beziehung zeigt ihnen, dass sie zumindest zum Zeitpunkt des Romangeschehens gesellschaftlich nicht akzeptiert ist. Als Ursache hierfür sollen sie gleichzeitig den entscheidenden Unterschied zum Inhalt der drei gelesenen Artikel erkennen: Dort geht es nicht um Beziehungen von älteren Frauen zu minderjährigen Männern. Eine solche Beziehung liegt aber zwischen Hanna und dem zu Beginn des Romans erst 15-jährigen Michael vor.

Erläuternd kann ein Auszug aus dem § 182 (2) des Strafgesetzbuches (**Text 4**) herangezogen und (vor)gelesen werden. Hanna kann der Strafbestand des sexuellen Missbrauchs vorgeworfen werden, da sie als über 21-Jährige sexuelle Handlungen an einer Person unter 16 Jahren vornimmt und an sich vornehmen lässt. Ob eine fehlende Fähigkeit Michaels zur sexuellen Selbstbestimmung vorliegt und von Hanna ausgenutzt wird, wird in der Diskussion innerhalb der Klasse sicherlich als fragwürdig eingestuft werden. Einigkeit dürfte darüber bestehen, dass das Gericht im Falle von Hannas Beziehung zu Michael wahrscheinlich von einer Strafe absehen würde, da das „Opfer" einverstanden ist bzw. das sexuelle Verhältnis sogar anstrebte, sodass von einem erlittenen „Unrecht" im eigentlichen Sinne nicht gesprochen werden kann. Die Ergebnisse dieser Phase werden in einem Tafelbild (**TB 1**) festgehalten, das im Verlauf der Unterrichtseinheit sukzessive ergänzt werden und die Struktur einer Mindmap erhalten wird.

1. Phase:

TB 1 | AB 1

Beschreibung der Liebesbeziehung zwischen Michael und Hanna

 In einem ausführlichen Unterrichtsgespräch wird die Liebesbeziehung zwischen Michael und Hanna beschrieben. Hierfür bieten sich folgende Leitfragen an:

- Welche (nicht alltäglichen) Besonderheiten weist die Beziehung auf? Welche Verhaltensweisen Michaels und Hannas erscheinen ungewöhnlich?
- Wie verlaufen die gemeinsam verbrachten Stunden?
- Wie lässt sich die Rollenverteilung charakterisieren?
- Wie schlägt sich der Altersunterschied in der Beziehung nieder?
- Welche Vor- und Nachteile ergeben sich für Michael bzw. Hanna aus ihrer Beziehung?

Bezüglich der Besonderheiten in der Liebesbeziehung ist vor allem herauszuarbeiten,
- dass schon bei der ersten Umarmung Distanz und Nähe wechseln (vgl. S. 27: „Wir standen zu dicht […] Ich hatte Angst: vor dem Berühren, vor dem Küssen, davor dass ich ihr nicht gefallen und nicht genügen würde"),
- dass sich die beiden Liebenden erst nach einer Woche nach ihren Namen fragen und überhaupt wenig miteinander sprechen, sodass Verstummen und Schweigen an der Tagesordnung sind (vgl. z. B. S. 26 f., 35, 48, 49),
- dass der Alltag aus ihrer Liebe ausgeklammert wird und die gemeinsam verbrachten Stunden sehr stark ritualisiert ablaufen (S. 43: „Vorlesen, duschen, lieben und noch ein bisschen beieinander liegen – das wurde das Ritual unserer Treffen"),
- dass die über 20 Jahre ältere Hanna auf sexueller, verbaler und emotionaler Ebene der eindeutig dominantere Partner ist und keine enge und gleichberechtigte Partnerschaft wünscht,
- dass Michael und Hanna – vom Liebesleben abgesehen – im Grunde sehr wenig miteinander verbindet, was der Ich-Erzähler im Übrigen selbst bekundet: „Wir hatten keine gemeinsame Lebenswelt, sondern sie gab mir in ihrem Leben den Platz, den sie mir geben wollte" (S. 75),
- dass zwischen beiden – von Michaels Vorlesen und den Streitgesprächen abgesehen – nur wenig sprachliche Kommunikation stattfindet.

Folgende Vorteile und Nachteile ergeben sich für Michael aus seiner Liebe zu Hanna: Er bekommt die menschliche Wärme, die er im Elternhaus vermisst, überwindet seine Angst vor der Sexualität und macht seine ersten Erfahrungen auf diesem Gebiet, was zur Folge hat, dass sich seine anfängliche Unsicherheit in ein steigendes Selbstbewusstsein, eine zunehmende Sicherheit gegenüber Lehrern und Mädchen (vgl. S. 41) und eine wachsende Selbständigkeit wandelt. Schließlich beschleunigt Hanna auch die Lösung Michaels vom Elternhaus, wobei hier natürlich auch das emotionslose und distanzierte Verhältnis zum Vater als wesentlicher Faktor zu nennen ist. Andererseits wird er in seinem Freundeskreis weitgehend isoliert und sieht sich gezwungen, sein Verhältnis mit Hanna gegenüber seinen Freunden und Eltern zu verheimlichen (z. B. die Radtour). Aufgrund bestimmter Normvorstellungen flößt ihm seine Liebe zu Hanna moralische Skrupel ein. Ferner zeigt Hanna keinerlei Verständnis für seine lasche Einstellung zu Pflicht und Arbeit (vgl. S. 56) und schlägt ihn gar mit einem Gürtel (vgl. S. 54). Er muss sich der überlegenen Geliebten immer wieder unterwerfen und wird ihr sexuell hörig.

Das **Tafelbild 1** wird entsprechend ergänzt.

Auch die Vor- und Nachteile, die sich für Hanna aus ihrer Beziehung zu Michael ergeben, werden nun mit den Schülern erarbeitet: Sie erfährt die Liebe, die Verehrung und die Anerkennung, die sie in ihrem Alltagsleben vermisst, und hat immer, wenn sie mit dem jungen Michael zusammen ist, das Gefühl der Überlegenheit, welches ihr aufgrund ihres Analphabetismus (von dem die Schüler aber noch nichts wissen!) ansonsten abgeht. Schließlich begegnet ihr dank Michael auch die Welt der Literatur. Allerdings wird sie nicht in Michaels Leben mit seinen Freunden und Eltern einbezogen. Denn es ist für sie unmöglich, in Michaels Welt einzudringen. Deshalb bleibt sie auch nicht über Nacht im Elternhaus des Erzählers, obwohl dieser dort alleine ist. (vgl. S. 62)

Diese Ergebnisse des Unterrichtsgesprächs werden in einem Arbeitsblatt (**AB 1**) festgehalten.

2. Phase:
Analyse der Streitgespräche

In der vorangegangenen Phase wurde festgestellt, dass Hanna nicht an Michaels Welt teilhaben kann. Die Frage, was passiert, wenn umgekehrt Michael den Versuch unternimmt, in die Welt der Geliebten einzudringen (Frage nach Hannas Namen, Aufsuchen Hannas in der Straßenbahn) führt zur Beschäftigung mit den daraus resultierenden Streitgesprächen.
In Gruppenarbeit analysieren die Schüler Verlauf, Sprache und nonverbales Verhalten (Mimik, Gestik) in einem der Streitgespräche zwischen Michael und Hanna:
- S. 47 („Ich erwartete sie …") bis S. 49 („Komm, ich bade dich.")
  Gruppe 1: Verlauf des Streitgesprächs
  Gruppe 2: Sprachliche Mittel des Streitgesprächs
  Gruppe 3: Nonverbales Verhalten im Streitgespräch
- oder S. 54 („Den einzigen Streit hatten wir in Amorbach.") bis S. 56 („Wir stritten nicht mehr.")
  Gruppe 4: Verlauf des Streitgesprächs
  Gruppe 5: Sprachliche Mittel des Streitgesprächs
  Gruppe 6: Nonverbales Verhalten im Streitgespräch
  Bei kleineren Klassen lassen sich die Aufträge für Gruppe 2 und 3 bzw. 5 und 6 auch nur jeweils einer Gruppe zuordnen.

Die Präsentation der Untersuchungsergebnisse durch je ein Gruppenmitglied wird zeigen, dass die beiden Gespräche nach dem gleichen Muster ablaufen: Michaels durch Argumente gestützte Wut auf Hanna wird von dieser auf ihn umgeleitet. Michael unterwirft sich demütig, indem er nicht begangene Fehler zugibt und Hanna um Verzeihung und Liebe anfleht. Es ist Hanna, die beide Gespräche lenkt und das Machtspiel in beiden Fällen gewinnt. Am Ende stehen die Versöhnung und der Liebesakt.
Hannas Sprache ist vor allem durch ständige rhetorische Fragen, durch Ellipsen („Steigst in den zweiten Wagen …" S. 47), Ironie („Du armes Kind" S. 48), Aufforderungen („Und gehst du jetzt endlich?" S. 49), Anaphern („Ich habe gearbeitet, ich will baden, ich will meine Ruhe haben." S. 49), Imperative („Faß mich nicht an!" S. 54), Diminutive („Jungchen" S. 55) und Wiederholungen („Was war los, was war los …" S. 55) gekennzeichnet. Michael dagegen setzt keine sprachlichen Mittel zur Unterstreichung seiner Position ein. Vielmehr sind für ihn abgebrochene Sätze, weil er von Hanna unterbrochen wird, Verstummen und Sprachlosigkeit charakteristisch.
Hannas nonverbales Verhalten ist sehr stark ausgeprägt und variantenreich: kalte Blicke, Kopfschütteln zum Ausdruck von Unverständnis, Verschanzen hinter dem Küchentisch (Abwehrhaltung), Unterbrechen von Michael, Schulterzucken (Gleichgültigkeit), Aufstellung vor Michael, Zittern vor Wut, Schlagen Michaels, Weinen, aufgerissener Mund, aufgerissene Augen, Einschlagen auf Michael mit Fäusten, Kuscheln an Michael. Michael setzt dagegen Mimik und Gestik in den Streitgesprächen viel zurückhaltender und seltener ein: hilflose Bewegungen im Raum, demonstratives Platznehmen auf dem Sofa, Weggehen und Wiederkommen, Versuch der Umarmung Hannas, Festhalten Hannas.

Ob bei Michael eine sexuelle Hörigkeit vorliegt, kann im Anschluss daran diskutiert werden.

 ## 3. Phase:
Psychoanalytischer Erklärungsversuch

Text 5

In Stillarbeit wird ein Text Sigmund Freuds **(Text 5)** gelesen. Die Schüler äußern sich zu dessen Inhalt, indem sie vor allem die These, wonach sich junge Männer zunächst in reifere Frauen verlieben, welche dem erinnerten Bild ihrer Mütter nahe kommen, diskutieren. Die anschließende Frage, inwiefern sich für diesen Erklärungsversuch des Psychoanalytikers Freud Belege im Roman finden lassen, führt die Schüler zu der Feststellung, dass sich in den Badeszenen mit Hanna Erfahrungen des 4-jährigen Michael, der von der Mutter am warmen Ofen gewaschen wurde (vgl. S. 28 f.), wiederholen und somit Hanna für ihn in gewisser Weise nun die Rolle der Mutter besetzt.

 ## Hausaufgabe:

Text 6 | Text 7 | Text 8

Ein Teil der Schüler liest nochmals die Textstellen, in denen Michaels „Hausträume" beschrieben werden (S. 9–11). Ein anderer Teil den Text von C. G. Jung **(Text 6)**, aus dem sie erfahren, wie Träume analysiert werden können. Der dritte Teil liest die beiden Texte **(Text 7 und 8)**, in welchen eine Deutung des Traumsymbols ‚Haus' versucht wird.

5./6. Stunde

1. Phase:

Text 6 | Text 7 | Text 8

Michaels Hausträume

Zunächst tragen die Schüler, die sich durch die Lektüre von **Text 7 und 8** mit der Deutung des Traumsymbols des Hauses beschäftigt haben, die Ergebnisse der Hausaufgabe vor. Unter anderem werden sie erwähnen, dass

- die Fassade des Hauses die Beziehung des Träumenden zu seiner Umwelt ausdrückt,
- Offenheit oder Geschlossenheit bzw. sogar das völlige Fehlen von Türen und Fenstern Rückschlüsse auf das Wesen des Träumenden (Zugänglichkeit, Verschlossenheit) zulassen,
- bestimmte Räume für bestimmte Bereiche des Menschen stehen können (z. B. der Keller für das Unbewusste, die Küche für das Weiblich-Mütterliche, der Schlafraum für das Sexualleben, die Räume der oberen Stockwerke für den Verstand, der Balkon für das Herz oder der Dachboden für vergessene bzw. verdrängte Gedächtnisinhalte),
- ein sehr großes Haus für anspruchsvolle Pläne des Träumenden, aber auch für den Drang nach mehr Überblick stehen können,
- ein schiefes, wackeliges Haus Aussagen über die seelische Verfassung des Träumenden zulässt etc.

Wahrscheinlich bedarf es keiner Aufforderung von Seiten des Lehrers, um die Schüler, die zu Hause den **Text 6** gelesen haben, zum Widerspruch zu reizen. C. G. Jung lehnt eine „stereotype Auslegung von Traummotiven", die er als „geistlose Schemata" aus „vulgären Traumbüchlein" verhöhnt, ab. Stattdessen, so Jung, müsse der „Kontext" des Traumes Berücksichtigung finden, womit Einfälle oder Assoziationen des Träumers zu seinem Traum gemeint seien. Da sich in Träumen das Unbewusste äußere und dieses in ganz unterschiedlichen Beziehungen zum Bewusstsein stehen könne (von einer Divergenz bis hin zur Kongruenz beider Bereiche), sei eine Befragung des Träumers notwendig. Die Schüler, die sich mit Jungs Anleitung zur Traumanalyse beschäftigt haben, sollten ferner erwähnen, dass zur Interpretation von Träumen psychologische Einfühlung, Kombinationsfähigkeit, Intuition, Menschenkenntnis sowie Kenntnisse auf mythologischem, folkloristischem und religionswissenschaftlichem Gebiet nötig sind und dass Träume die Situation des Träumers beleuchten, Unbewusstes aufdecken, Erinnerungen und Einsichten fördern können und damit als Bereicherung anzusehen sind. Schließlich ist noch erwähnenswert, dass es laut Jung neben normalen Träumen auch große, bedeutungsvolle Träume („archetypische Gebilde") gibt, die aus einer noch tieferen Schicht („kollektives Unbewusstes") stammen und in schicksalhaften Abschnitten des Lebens (Jugend, Pubertät, Lebensmitte, Todesnähe) vorkommen.

Nun erhalten nacheinander drei Schüler, die sich mit **Text 7 oder 8** beschäftigt haben, Gelegenheit, in einem improvisierten Rollenspiel mit je einem weiteren Schüler diesen Wiederholungstraum zu analysieren. Letztere haben die Hausträume Michaels noch einmal gelesen, versetzen sich im Rollenspiel in Michael Berg hinein und versuchen bei der eingehenden Befragung durch die „Psychoanalytiker" assoziativ-erhellende Antworten zu geben.

Folgende Ergebnisse der „Analyse" sind denkbar:

- Das Haus in der Bahnhofstraße ist für Michael ein Ort der Sehnsucht, denn es steht für die Geborgenheit und den Schutz, aber auch die Liebe, die dieser dort erfahren hat.
- Die ländliche Idylle kann bedeuten, dass dieses Glück längst vergangen und nicht mehr wiederholbar ist.
- Die Schwere und Breite des Hauses lässt sich in Verbindung setzen zur Dominanz Hannas, die wesentlich älter und erfahrener ist als Michael.
- Die verschlossenen, staubigen Fenster verweisen auf Hannas verschlossenes Wesen, auf die Distanz, welche trotz aller körperlichen Nähe zwischen den Liebenden besteht.
- Die Küche könnte für Hannas mütterliche Seite (Sorge um Michael), die Schlafcouch für Sexualität stehen.

- Auch der Keller, aus dem Michael die Kohlen für Hanna holt, ist ein Traumsymbol für Sexualität.
- Dadurch, dass Michael das Haus nicht betreten kann, wird einerseits symbolisiert, dass Michael nie Zugang zu Hannas Vergangenheit und wahrem Wesen findet, andererseits aber auch, dass er seine eigene Vergangenheit nicht bewältigen und nicht mit Leben füllen kann und somit der „Unbehauste" bleibt.

2. Phase:
Michael in seiner Familie

/ TB 1

Die Klasse wird je nach Klassenstärke in zwei bis vier Gruppen zu mindestens 8 Schülern aufgeteilt. Jede Gruppe erhält den Auftrag, ein Standbild zu bauen, in dem Michaels Situation in seiner Familie deutlich wird, wobei je drei Schüler die „Erbauer" und je fünf Schüler der Gruppen sich als Vater, Mutter, jüngere Schwester, älteres Geschwisterteil und Michael aufstellen und „formen" lassen. Dabei spielt die Platzierung der einzelnen Familienmitglieder genauso eine Rolle wie deren Körperhaltung, Mimik und Gestik. Die Schüler, welche die „Rollen" übernehmen, fügen sich den stummen Anweisungen der „Standbildbauer", bleiben so locker und beweglich, dass sie in jede Pose gestellt werden können, und verharren am Ende starr in der endgültig gewollten Stellung, die eine Art Momentaufnahme darstellt. Personen können auch auf Stühle oder Tische gestellt werden, um etwa ihre überragende Stellung in der Familie übertreibend zum Ausdruck zu bringen. Dieses Verfahren hat den Vorteil, dass sich die Schüler nicht nur gedanklich-abstrakt, sondern auch körperlich konkret mit dem literarischen Text und den darin agierenden Figuren auseinandersetzen müssen. Sie müssen sich nicht nur in die Personen hineinfühlen, sondern im wahrsten Sinne des Wortes hineinversetzen, wofür allerdings eine sehr genaue Kenntnis des Textes Voraussetzung ist. Eventuell müssen die Schüler deshalb vor dem Erbauen der Standbilder nochmals das 7. Kapitel durchlesen. Sind die Standbilder fertig, können die nicht beteiligen Schüler kurz äußern, was sie in dem jeweiligen Standbild erkennen. Dann erläutern ihre Erbauer, was sie sich gedacht haben und was ihr Standbild zum Ausdruck bringen soll. Daraufhin werden die Standbilder wieder aufgelöst, alle Schüler begeben sich wieder auf ihre Plätze und reden über ihre Eindrücke, Gefühle und Erfahrungen.

Folgende Strukturen der Familie Berg könnten beim Erbauen und Erläutern der Standbilder sowie bei den abschließenden Schüleräußerungen deutlich werden:
- Der Vater ist das unumstrittene Familienoberhaupt, die geistige Autorität der Familie. Er trifft alle notwendigen Entscheidungen und verhängt auch gegebenenfalls die Strafen. Um seine Kinder, zu denen er eher ein distanziertes Verhältnis hat, kümmert er sich wenig. Sie sind ihm sogar lästig. Michael wünscht sich mehr Zuwendung von ihm und fühlt sich von ihm wie ein Haustier behandelt. Für Michael kann der Vater nicht die Identifikationsfigur sein, die er bräuchte.
- Die Mutter dagegen umsorgt ihre Kinder, was sich unter anderem auch in ihrer Angst um den kranken Michael niederschlägt. Sie bewundert ihren Ehemann, möchte aber, dass auch er Erziehungsaufgaben übernimmt. Michael liebt seine Mutter, versucht sich aber von ihr zu lösen.
- Die jüngere Schwester Michaels ist unbekümmert (sie trampt gerne, vgl. S. 30) und frech, schenkt Michael aber Glauben und muss von ihm bestochen werden.
- Die älteren Geschwister haben ein eher kritisches und distanziertes Verhältnis zu ihrem kleineren Bruder. Der ältere Bruder fühlt sich Michael überlegen und sein Kontakt zu ihm beschränkt sich auf Nörgeln. Als kleine Jungen haben sie sich oft geprügelt und verbal bekämpft (vgl. S. 30). Die ältere Schwester studiert Germanistik.
- Michael steht als „Sandwich-Kind" zwischen den beiden älteren.

Das Verhalten des Vaters wird im **Tafelbild 1**, welches in der 3./4. Stunde begonnen wurde, festgehalten.

 **3. Phase (fakultativ):** — Text 9

Text über pubertierende Jugendliche

Falls in der Stunde noch genügend Zeit bleibt, kann der **Text 9** gelesen und kurz besprochen werden, in dem die Veränderungen, die sich im Leben pubertierender Jugendlicher vollziehen, beschrieben werden. Insbesondere die folgenden, im Text genannten Aspekte treffen für Michael Berg zu:
- mit der Pubertät einsetzende existentielle Fragen
- Suche nach der eigenen Persönlichkeit
- starke Prägung der späteren Persönlichkeit (hier: Michaels spätere Beziehungen zu Frauen)
- Suche der Pubertierenden nach Personen, die ihnen Halt bieten (hier: Hanna)
- Lösung von den Eltern als den bisherigen Bezugspersonen
- Rückzug der Pubertierenden in eine „eigene Welt"

 **4. Phase:**

Scheitern der Beziehung

In einem Unterrichtsgespräch werden noch mögliche Gründe für das Scheitern der Beziehung gesucht. Neben dem Altersunterschied kann zur Sprache kommen,
- dass Michael und Hanna unterschiedlichen Lebenswelten angehören,
- dass Hanna der notwendigen Entwicklung Michaels nicht mehr im Wege stehen will,
- dass sich Hanna gegenüber Michaels Altersgenossen zurückgesetzt fühlt,
- dass das Ritual der Liebe zur Gewohnheit und damit zu einem langweiligen Ritual wurde,
- dass Michael zu wenig Zeit für Hanna hat,
- dass Michael darunter leidet, die Beziehung verbergen zu müssen,
- dass Michael sich seiner Unterlegenheit bewusst wird und diese überwinden will,
- dass Michael zunehmend unabhängiger werden will.

Hausaufgabe:

Die Schüler lesen den zweiten Teil des Romans (S. 83–157).

7./8. Stunde

 **1. Phase:**   **TB 1**

Textanalyse: Wiedererkennung Hannas im Gericht

Zunächst wird den Schülern Gelegenheit gegeben, ihre Eindrücke von der Lektüre der Kapitel 1–19 des 2. Teils zu äußern. Falls dabei Michaels kühles und egoistisches Verhalten gegenüber Sophie (vgl. S. 84 f.) zur Sprache gebracht wird, wird dies im **Tafelbild 1**, welches bereits in der 3./4. Stunde begonnen wurde und unter anderem die Schuld Michaels gegenüber verschiedenen Personen seines Lebens zum Inhalt hat, festgehalten. Im Anschluss daran wird nochmals die kurze Passage laut vorgelesen, in der erzählt wird, wie Michael Hanna im Gerichtssaal wiedererkennt (S. 91: „Hanna saß mit dem Rücken zu uns." bis „Ich fühlte nichts."). Eine im Unterrichtsgespräch durchgeführte sprachliche und erzähltechnische Analyse dieses Abschnitts ergibt, dass
- die Zeitdehnung (ein kurzer Moment wird in 10 Zeilen geschildert),
- die dreimalige Wiederholung des Verbs „erkannte" und die zweimalige Wiederholung des Nomens „Rücken",
- der anaphorische Beginn von vier aufeinanderfolgenden Sätzen mit „Sie …",
- und schließlich die Wiederholung des Satzes „Ich fühlte nichts."

die gefühllose, kühle Reaktion des erlebenden Ichs bei der Wiedererkennung der früheren Geliebten zum Ausdruck bringen.

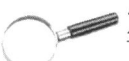 **2. Phase:**

Nachträgliche Erklärung von Passagen des 1. Teils

Nun wird die Frage aufgeworfen, ob die für Michael überraschende Wendung bezüglich seiner Beziehung zu Hanna im Nachhinein bereits im 1. Teil andeutungsweise erkennbar gewesen sei. Hierzu sollen die Schüler in einer arbeitsteiligen Stillarbeitsphase nochmals je eines der Kapitel 8, 9, 11 und 14 des 1. Teils durchlesen und nach solchen „versteckten" Hinweisen auf Hannas Vorleben als KZ-Aufseherin suchen. Folgende Textstellen sollten dabei gefunden und im Anschluss daran genannt werden:
- Hanna verrät Michael nicht ihren Nachnamen. (vgl. S. 35 oben)
- Michaels erzählendes Ich erwähnt „häßliche Wahrheiten" (S. 38 Mitte)
- Hanna schlägt Michael mit einem Ledergürtel. (vgl. S. 54 Mitte)
- Michael vergleicht Hanna mit einem Pferd, in dem „was Böses" ist. (vgl. S. 69)

Möglicherweise erwähnen die Schüler sogar, dass das auffallend häufige Duschen Hannas (vgl. z. B. S. 43) ein symbolischer oder im Unterbewusstsein ablaufender Akt der Schuldverdrängung, ein Sich-von-Schuld-Reinwaschen sein könnte.

 **3. Phase:**   **AB 1–4 / Text 10**

Das System der NS-Konzentrationslager

Als Einstieg in diese Phase werden mittels einer Folie Fotos aus Konzentrationslagern an die Wand projiziert (vgl. **Abbildungen 1–4**). Ob sich die Schüler angesichts der zu sehenden Ungeheuerlichkeiten zu den Bildern äußern wollen oder können, sollte der Lehrer bei seiner Unterrichtsplanung offen lassen. Auch unkommentiert hinterlassen die Fotos einen tiefen und erschütternden Eindruck bei der Klasse.

Dann erarbeitet die Klasse in vier Gruppen den **Text 10**, in dem das System der NS-Konzentrationslager nüchtern, aber schonungslos dargelegt wird, wobei jede Gruppe einen Abschnitt still lesen und darüber sprechen soll.

      Gruppe 1: Tagesablauf
      Gruppe 2: Rationen und Gesundheitszustand
      Gruppe 3: Strafen und Quälereien
      Gruppe 4: Exekutionen

Anschließend informiert je ein Gruppenmitglied die Klasse über die Informationen des gelesenen und besprochenen Textabschnittes.

Wurden in der Einstiegsphase die Folien mit den Fotos aus Konzentrationslagern nicht gezeigt, ist es den Gruppensprechern überlassen, ihre Informationen durch die jeweils passenden Fotos, die von der Lehrerin oder dem Lehrer bereitgelegt werden, zu illustrieren.

9. Stunde (fakultativ)

1. PHASE: Texte 11–13
REFERATE ZUM HISTORISCHEN HINTERGRUND
HANNAS SCHULD ALS KZ-AUFSEHERIN

In Form eines Schülerreferats wird die Klasse über Hermine Ryan, eine KZ-Aufseherin, die den Beinamen „Stute von Majdanek" trug, informiert. Material hierzu liefern die **Texte 11–13**.

Im Folgenden werden die Inhalte der **Texte 11–13** und damit die Erwartungen an das Referat knapp zusammengefasst:

Text 11: Gudrun Schwarz: Frauen in Konzentrationslagern
SS-Aufseherinnen in den Konzentrationslagern waren Reichsangestellte, die 185 Reichsmark brutto im Monat für ihre Tätigkeit verdienten, sich aus eigener Initiative beworben hatten, vom Arbeitsamt vermittelt oder in Betrieben angeworben worden waren und nach einer speziellen Ausbildung in nationalsozialistischer Weltanschauung, Dienstkunde und persönlicher Haltung und Führung sowie nach einer dreimonatigen Probezeit auf Lebenszeit übernommen wurden und bei entsprechend brutalem Verhalten gegenüber den KZ-Insassen (sie waren mit Pistolen und Peitschen ausgestattet) sehr gute Aufstiegschancen besaßen.

Text 12: Die Stute von Majdanek (Süddeutsche Zeitung)
1964 spürt ein amerikanischer Journalist eine frühere Aufseherin des KZ Majdanek, Hermine Ryan („Stute von Majdanek"), in Manhattan auf, wo sie seit der Heirat mit einem US-Bürger, der von ihrer Vergangenheit nichts weiß, lebt. Von ihrem Mann wird die in der Folgezeit von der Presse umlagerte Frau als unschuldig angesehen, da sie zu ihrem Dienst gezwungen worden ist. Die amerikanischen Nachbarn bezeichnen sie als sehr freundliche Frau. Nach dem Verlust der amerikanischen Staatsbürgerschaft (1971) wird sie an die deutsche Staatsanwaltschaft ausgeliefert (1973). In dem von 1975 bis 1981 dauernden und 20 Millionen Mark kostenden einzigen deutschen NS-Verfahren, in dem weibliche Bedienstete vor Gericht standen, werden nach der Befragung von 400 Zeugen neun Angeklagte zu Freiheitsstrafen zwischen 3 und 15 Jahren und Hermine Ryan zu lebenslänglicher Haft verurteilt. Hermine Ryan zeigt während des Prozesses keine Regung. Sie bestreitet die Vorwürfe, zeigt keine Einsicht in das von ihr verursachte Unrecht und fühlt sich als „Zahnrad im Getriebe". Nachdem sie 15 Jahre im Mühlheimer Frauengefängnis einsaß und dabei weder Kontakt zu Mitgefangenen noch zur Außenwelt suchte, wird die 77-jährige Hermine Ryan vom damaligen Bundespräsidenten Johannes Rau begnadigt und verbringt einen ruhigen Lebensabend in Bochum.

Text 13: Ulrich Renz: Majdanek oder „die Obergrenze"
Hermine Ryan, die 61-jährige ehemalige Aufseherin des KZ Majdanek, in dem über 200 000 unschuldige Menschen, darunter auch viele Kinder, aus rassischen und politischen Gründen ermordet wurden, wird am 30.6.1981 vor dem Landgericht Düsseldorf am 474. Sitzungstag zu lebenslanger Haft verurteilt. Die vom Strafmaß enttäuschten Zuhörer quittieren dies mit Protestrufen. Auch der Vorsitzende Richter Günter Bogen, für den es weder ein politischer Prozess noch ein Kriegsverbrecherprozess war, ist mit dem Missverhältnis von Aufwand und Ergebnis äußerst unzufrieden. Hermine Ryan, die aus Karrieregründen in die SS eingetreten war, sich in keiner Zwangs- oder Notstandssituation befand und sich keine Gedanken über Moral und Recht machte, nahm den Dienst im Konzentrationslager freiwillig an, um persönliche und berufliche Wünsche zu befriedigen, und war wegen ihrer harten Dienstauffassung bei den Insassen gefürchtet und bei den Nazis angesehen. Während des Prozesses beruft sie sich häufig auf ihr mangelndes Erinnerungsvermögen oder schiebt die Schuld auf nicht mehr lebende SS-Angehörige.

Eventuell kann im Anschluss daran in einem zweiten Referat über die Todesmärsche aus den Konzentrationslagern informiert werden. Als Materialien eignen sich folgende Texte:

- Daniel Blatmann: Die Todesmärsche – Entscheidungsträger, Mörder und Opfer. In: Christoph Dieckmann, Ulrich Herbert und Karin Orth (Hrsg.): Die nationalsozialistischen Konzentrationslager. Entwicklung und Struktur (für die Gedenkstätte Buchenwald). Band II. Göttingen (Wallstein Verlag) 1998. S. 1065–1069.
- Schoschana Robinovici: Dank meiner Mutter. Frankfurt (S. Fischer) 2005. S. 210–224

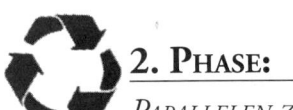

2. Phase: Texte 11–13
Parallelen zum Roman

Im Unterrichtsgespräch werden Parallelen und Unterschiede zwischen den Texten und dem Romangeschehen herausgearbeitet.

Zum Referat über die „Stute von Majdanek" zu den Texten 11–13 (eventuell werden vorher nochmals S. 68 und S. 91–96 des Romans still gelesen):
- Die Angeklagten sind Frauen.
- Hermine Ryan und Hanna Schmitz wurden etwa zur gleichen Zeit geboren (1922 bzw. 1919).
- Hanna Schmitz hat sich wie alle KZ-Aufseherinnen freiwillig der SS angeschlossen (vgl. S. 91).
- Hermine Ryan liebt Hundewelpen, Hanna nennt Michael liebevoll „Welpe" (vgl. S. 68).
- Beide Frauen führten außerhalb des nationalsozialistischen Einflussbereiches ein völlig angepasstes und unauffälliges Leben, was von ihrer Umgebung sogar als musterhaft bezeichnet wird.
- Hermine Ryan wird von den Häftlingen „Stute" genannt, Michael denkt an ein Pferd, wenn er Hanna im Arm hält (vgl. S. 68, 115), die überlebende Tochter erinnert sich an eine Aufseherin, die „Stute" genannt wurde (vgl. S. 115).
- Beide berufen sich darauf, ihre Pflicht getan bzw. auf Anweisung gehandelt zu haben (vgl. u. a. S. 122), und lassen es an Einsicht in ihre Schuld fehlen (vgl. S. 106 f.).
- Beide sind während des Prozesses sehr schweigsam und wirken kühl (vgl. u. a. S. 91, 92, 96, 98 f., 111), wirken hochmütig (vgl. S. 95) und fühlen sich zu Unrecht angegriffen (vgl. S. 96, 107).
- Beide werden zu lebenslänglicher Haft verurteilt (vgl. S. 156).

Zum Referat über die Todesmärsche (eventuell wird vorher nochmals S. 116 des Romans gelesen):
- Die Gefangenen sind spärlich bekleidet und frieren im Winter während des Todesmarsches (vgl. S. 116).
- Sie werden zur Eile angetrieben (vgl. S. 116).
- Sie übernachten in Scheunen oder im Freien (vgl. S. 116).
- Fast die Hälfte der Gefangenen stirbt während des Marsches (vgl. S. 116).

10./11. Stunde

!?!? **1. Phase:** /TB 1/

Hannas Schuld

Zunächst wird diskutiert, worin Hannas Schuld während ihrer Tätigkeit im KZ bestand. Es wird unter anderem zur Sprache gebracht,
- dass sie an der Selektion der Gefangenen beteiligt war,
- dass sie während des Todesmarsches die Gefangenen in der Kirche verbrennen ließ,
- dass sie kein moralisches oder humanes Bewusstsein in Bezug auf ihre Tätigkeit sowie deren Folgen hat, keine Einsicht zeigt und ihr Verhalten mit Pflichterfüllung rechtfertigt oder als reine Organisationsfrage (vgl. S. 106) darstellt,
- dass sie ausschließlich um i h r e Wahrheit (vgl. S. 128) kämpft, auch wenn dies ihrer Sache nicht dient, dass sie sich nicht herausredet, wo sie es eigentlich könnte,
- dass sie kein echtes Schuldbewusstsein hat, sondern vor Gericht nur dann widerspricht, wenn bestimmte Begebenheiten falsch rekonstruiert werden.

Die Ergebnisse werden in dem sukzessive zu erstellenden **Tafelbild 1** festgehalten.

 **2. Phase:** /Text 14/ Texte 15–22/

Literarische Verarbeitung des Holocaust

Die Klasse beschäftigt sich mit der Verarbeitung des Holocaust in der deutschen Literatur. Hierzu werden Inhaltsangaben einiger einschlägiger Werke **(Text 14)** und markante Textauszüge aus diesen Werken **(Texte 15–22)** bereitgelegt. Die Schüler sollen in Freiarbeit die Ausschnitte aus den literarischen Werken den passenden Inhaltsangaben zuordnen. **Die Quellenangaben auf den Kopiervorlagen dürfen deshalb nicht mit kopiert werden**. Es ist nicht notwendig, dass alle Schüler alle Texte lesen und zuordnen. Außerdem kann die Arbeit auch mit einem Partner oder gar in Kleingruppen erledigt werden. Abschließend sollte aber unbedingt über die gelesenen Texte gesprochen werden, wobei insbesondere das Interesse der Schüler für bestimmte Werke, in denen die Vernichtung der Juden während des Nationalsozialismus thematisiert wird, zur Sprache gebracht werden kann. Eventuell wählen einige Schüler ein bestimmtes Werk aus, das sie zu Hause lesen möchten und über das sie dann in einer späteren Stunde (ideal hierfür wäre eine Stunde, welche zwischen der 17. und 18. Stunde dieser Unterrichtseinheit eingeschoben wird) in Form eines 10-minütigen Kurzreferats berichten können.

 **3. Phase (fakultativ):** /Text 23/

Referat über die Geschichte der literarischen Verarbeitung des Holocaust

Ergänzend zur 2. Phase kann ein etwa 10-minütiges Schülerreferat eingeschoben werden, in dem über die literarische Verarbeitung des Holocaust informiert wird. Material hierzu liefert **Text 23**.
Die wichtigsten Informationen, welche dabei an die gesamte Klasse weitergegeben werden sollten, werden im Folgenden kurz skizziert:
- Die Vernichtung der Juden in Konzentrationslagern wurde in der deutschen Literatur teilweise verdrängt oder unbeholfen behandelt.
- Zunächst wurden die Schriftsteller durch die in ihren Werken häufig thematisierte Not der deutschen Bevölkerung infolge der Zerstörung ihrer Städte („Trümmerliteratur") davon abgehalten, mit der dunklen Vergangenheit abzurechnen.

- Nachdem in der ersten Hälfte der 60er Jahre im Jerusalemer Eichmann-Prozess und in den Frankfurter Auschwitzprozessen die nationalsozialistischen Verbrechen aufgearbeitet wurden, versuchten einige Autoren in dokumentarischen Gerichtsdramen die grausame Wirklichkeit darzustellen.
- Die Studenten der sechziger Jahre glaubten größtenteils aufgrund ihrer antikapitalistischen Einstellung, sich nicht mit der nationalsozialistischen Vergangenheit auseinandersetzen zu müssen.
- In den 70er Jahren setzte sich zunächst die dokumentarische (z. B. Rolf Hochhuths „Eine Liebe in Deutschland"), später die autobiographische Prosa mit der Vernichtungspolitik der Nazis auseinander.
- Von der Mitte der siebziger bis in die achtziger Jahre hinein erschienen zahlreiche Romane, die man summarisch als „Väterliteratur" bezeichnet, da die Autoren, die meist der Studentengeneration der sechziger Jahre angehörten, die Rolle ihrer Eltern im Dritten Reich untersuchten. Meist betrachten sich die Eltern in diesen Werken selbst in einer starken Ich-Bezogenheit als die Opfer und drücken sich damit vor ihrer Verantwortung.

Im Anschluss an das Referat muss besprochen werden, durch welche „Konstruktionen" Bernhard Schlink in seinem Roman von der bisherigen literarischen Verarbeitung des Holocaust abweicht und neue Aspekte einbezieht. Dabei muss vor allem erkannt werden, dass in dem Roman „Der Vorleser"
- die Aufarbeitung der Judenvernichtung aus der Perspektive einer nachgeborenen Generation dargestellt wird,
- die Täterin durch die Entwicklung einer Liebesgeschichte zum Erzähler stark individualisierte Züge erhält und nicht als unpersönliches, gefühlloses „Monster" erscheint,
- die Täterin nicht aus Überzeugung, sondern aus Scham über ihren Analphabetismus zur KZ-Aufseherin wurde und damit nicht wegen eines Judenhasses, sondern aufgrund ihrer Unmündigkeit schuldig wurde,
- die Leser die Täterin nicht von vornherein verurteilen können, sondern gezwungen werden, Verständnis für sie zu entwickeln.

An dieser Stelle kann in der Klasse auch darüber diskutiert werden, inwiefern Bernhard Schlinks Geschichte glaubwürdig ist oder wegen der erkannten Besonderheiten doch sehr stark den Eindruck hinterlässt, am „literarischen Reißbrett" konstruiert worden zu sein.

12. Stunde

 **1. Phase:**   Texte 24–32

Die Schuld der Generationen

In Freiarbeit lesen die Schüler entweder jeder für sich, mit einem Partner oder in einer kleinen Gruppe von maximal vier Schülern einen oder zwei Texte der **Texte 24–32**. Währenddessen hängt der Lehrer Blätter (Format DIN-A1) mit folgenden Überschriften im Klassenzimmer auf:
- Schuld
- Generationen
- Vergangenheitsbewältigung
- Verdrängung

Am Ende oder während der auf 30 Minuten begrenzten Freiarbeitsphase notieren die Schüler mit bereitgelegten Filzschreibern, was sie in den Texten über die oben genannten als Überschriften formulierten Themen gefunden haben, auf den jeweiligen Wandpostern.
Im Folgenden werden die Inhalte der Texte kurz skizziert.

Text 24: Ralph Giordano: Die zweite Schuld. Von der Last Deutscher zu sein.

Während die Deutschen, die während des Hitler-Regimes aktiv oder passiv an den verübten Verbrechen beteiligt waren, von der ersten Schuld betroffen sind, müssen die Verleugnung und Verdrängung dieser ersten Schuld (ausgenommen sind die Medien, die sich teilweise intensiv mit dieser Zeit beschäftigten), die Angst vor der Selbstentblößung und die rätselhafte Unempfindlichkeit gegenüber den Schrecken des Nationalsozialismus, – all das war nach 1945 in Deutschland festzustellen –, als zweite Schuld bezeichnet werden. Von dieser Schuld sind nicht nur die Verantwortlichen des „Dritten Reichs" betroffen, sondern auch diejenigen, die wegen ihrer damaligen Jugend noch keine Verantwortung tragen mussten, aber dennoch vom Hitler-Deutschland geprägt wurden. Unter diese zweite Schuld fällt auch, dass diese Vertreter beider Gruppen in der Bundesrepublik an die Schalthebel der politischen Macht gelangen konnten.

Text 25: Peter Reichel: Vergangenheitsbewältigung als Problem unserer politischen Kultur

Vergangenheitsbewältigung ist nicht nur von den sogenannten „Stellvertretern", also etwa den Schriftstellern, Künstlern, Intellektuellen, zu leisten, welche als „Gewissen der Nation" oder gar negativ als „Nestbeschmutzer" bezeichnet wurden, sondern von den Führern und Funktionären des Nationalsozialismus selbst, aber auch den Mitläufern und Angepassten, ja sogar von den nachfolgenden Generationen.
Angesichts der nach 1945 häufig erfolgten Verdrängung der dunklen Vergangenheit wird deutlich, dass Vergangenheitsbewältigung nicht ein Vorgang ist, der irgendwann abgeschlossen werden kann, sondern des ständigen Erinnerns, Wiederholens und Durcharbeitens bedarf.
Karl Jaspers unterscheidet vier Arten der Schuld:
- Die kriminelle Schuld betrifft die objektiv nachweisbaren Verbrechen und wird strafrechtlich gesühnt.
- Die politische Schuld ist eine Kollektivschuld und bedarf der Wiedergutmachung und der Reparationen.
- Die moralische Schuld hat das Gewissen jedes Einzelnen als Instanz und trifft auch die sogenannten Mitläufer, die das Regime billigen.
- Mit metaphysischer Schuld ist der Mangel an Solidarität mit dem Menschen als Menschen gemeint, sie schließt sogar das Überleben ein.

Weiten Teilen der deutschen Bevölkerung muss der Vorwurf der Verdrängung oder Beschönigung der nationalsozialistischen Zeit gemacht werden. Nach einer Umfrage aus dem Jahre 1951 waren zwei Drittel der Auffassung, dass die Deutschen keine Schuld am Nationalsozialismus träfe und sie auch keine Verantwortung für eine Wiedergutmachung zu tragen haben. Noch Ende der 70er Jahre sehen ein Viertel der Deutschen (vor allem die vor 1918 Geborenen) den Nationalsozialismus als gute, nur schlecht umgesetzte Idee an und verurteilen nur den Krieg und die Judenverfolgung als schlecht. Zwei Drittel der über 65-Jährigen möchten unter die Vergangenheit des Dritten Reichs einen Schlussstrich ziehen.

Aufgrund dieser Verdrängung der Vergangenheit erhebt der Verfasser die Forderung, dass auch die „Vergangenheit nach 1945" bewältigt werden muss.

Text 26: Jean Amery: Jenseits von Schuld und Sühne
Der Nationalsozialismus wurde nach Kriegsende als „geschichtlicher Betriebsunfall", der sich in jedem anderen Land auch hätte ereignen können, vertuscht und verharmlost. Es ist zu erwarten, dass Hitler in die Geschichtsbücher als eine Art Napoleon eingehen wird und dass das Dritte Reich in einem verallgemeinerten „Jahrhundert der Barbarei" untergehen wird.

Text 27: Alexander und Margarete Mitscherlich: Die Unfähigkeit zu trauern
Die Verdrängung von Schuld- und Schamgefühlen, die aus Kindheitserinnerungen herrühren, führen zu individuellen Neurosen. Dagegen sind die Schuld- und Schamgefühle angesichts der nationalsozialistischen Eroberungs- bzw. Ausrottungspolitik kollektiver Natur, da diese Politik erst durch den begeisterten Einsatz der deutschen Bevölkerung ermöglicht wurde oder zumindest mit ihrem Einverständnis ablief. Doch lösten die größten Verbrechen der deutschen Geschichte, sofern sie nicht völlig verleugnet wurden („Ungeschehenmachen"), kaum emotionale Reaktionen bei den Deutschen aus („Gefühlsstarre"), welche sich auch durch ihre schnelle Identifizierung mit den Siegern („Identitätswechsel") aus der Verantwortung stahlen. Die nationalsozialistische Vergangenheit der Deutschen darf nicht als abgeschlossenes Kapitel der Geschichte betrachtet werden.

Text 28: Martin Walser: Unser Auschwitz
Die KZ-Prozesse tragen nicht zur Vergangenheitsbewältigung bei. Denn man darf nicht von der absoluten Freiheit und Verantwortlichkeit des Individuums ausgehen, wie es die Denker des deutschen Idealismus tun und es das idealistische Strafrecht suggeriert. Die Taten sind nämlich nicht nur Sache der Täter, sodass eine Kollektivschuld des deutschen Volks nicht geleugnet werden kann. Die Deutschen distanzierten sich von den „Teufeln und Bestien" auf der Anklagebank und meinten, zu solchen Verbrechen selbst nicht fähig gewesen zu sein. Nicht berücksichtigt wurde, dass die Täter aber ganz normale Mitmenschen wie Du und Ich waren und dass die Mehrzahl der sich unschuldig fühlenden Deutschen, auch wenn sie nicht in der SS waren, zumindest Zeugen einer zunehmenden Ächtung der Juden waren. Wer aber zugelassen hat, dass aus ganz normalen Menschen Mörder werden oder wer durch die nationalsozialistische Diktatur Geld verdient hat und nun wieder Konzerne leitet, trägt ebenfalls Verantwortung. Die Gerechtigkeit, die den Angeklagten des Auschwitz-Prozesses widerfährt, verleitet zu dem irrigen Gefühl, dass nun Vergeltung geübt worden sei, dass die Verbrechen gesühnt seien und man als Deutscher in Bezug auf die Nazi-Verbrechen endlich seine Ruhe habe.

Text 29: Ingrid Gilcher-Holtey: Vom Schweigen zum Handeln. Der Stachel der unbewältigten Vergangenheit
Gefördert vom Algerienkrieg (1954–62), dem Eichmann-Prozess (1961/62) und dem Auschwitz-Prozess (1964/65) wurde die Auseinandersetzung mit der nationalsozialistischen Vergangenheit ein wichtiger Bestandteil der Studentenrevolte der sogenannten „68er-Generation". Prägend wirkte die Überzeugung von der Wiederholbarkeit der Vorgänge. Theodor W. Adorno, dessen „Studien zum autoritären Charakter" als Grundlage der Gesellschaftskritik dienten, sprach von einer „im Zivilisationsprozeß selbst angelegten Barbarei" und plädierte deshalb vehement für die Erziehung des Menschen zur Selbstbestimmung, zu einem Höchstmaß an Autonomie.

Text 30: Bernd Hey: Die NS-Prozesse – Probleme einer juristischen Vergangenheitsbewältigung
Folgende Probleme werden durch die Prozesse aufgeworfen:
- Die individuelle Schuld jedes Einzelnen muss festgestellt werden.
- Die psychische, innere Einstellung des Täters (Täterschaft oder Beihilfe) muss festgestellt werden. Im Extremfall stehen einem Täter (Adolf Hitler) 60 Millionen Gehilfen gegenüber.
- Schreibtischtäter werden milder verurteilt als Exzesstäter, obwohl diese mehr Menschenleben auf dem Gewissen haben, was in der öffentlichen Meinung als härtere Bestrafung der „kleinen Täter" verurteilt wird.
- Die Berufung der Angeklagten auf einen Befehlsnotstand darf nicht als Entschuldigung gelten, da keine ernsthaften Bestrafungen von Befehlsverweigerern bekannt sind.
- Durch die ständige Berieselung mit Propaganda und die staatliche Verdunklung der Grundsätze der Rechtsordnung fehlte es den Angeklagten an Unrechtsbewusstsein.

Diese Schwierigkeiten führten dazu, dass NS-Verbrecher milder verurteilt wurden als vergleichbare Straftäter („einem Getöteten entsprechen 10 Minuten Gefängnis").
Der Autor zieht daraus die Lehre, dass man sich auch noch heute bewusst sein müsse, wie leicht Rechtsstaat und Humanität gefährdet werden können, und dass es der Zivilcourage jedes Einzelnen bedürfe, um ähnliche Verbrechen in Zukunft zu vermeiden.

Text 31: Arne Daniels / Volker Hinz: Kein Schlussstrich unter die NS-Verbrechen (eigener Titel)
Anlässlich des 60. Jahrestages der Befreiung des KZ Buchenwald wird festgestellt, dass die Überlebenden des Holocaust aussterben, sodass die Erinnerungen der Täter und Opfer endgültig zur Geschichte werden. Diese Tatsache sollte eine neue Phase im Umgang mit der Geschichte des Nationalsozialismus einleiten. Die heutige Jugend war nicht an den Verbrechen beteiligt, sodass keine Verdrängung der schrecklichen Ereignisse zu erfolgen braucht. Auch kann sie sich nicht zu Opfern des Krieges stilisieren. Und schließlich muss sie sich nicht von einem erhöhten moralischen Standpunkt aus mit der Schuld der Eltern auseinandersetzen. Die Erinnerung an die NS-Verbrechen bleibt aber eine Verpflichtung des deutschen Volkes. Eine Vergangenheitsbewältigung als Vorgang, der irgendwann abzuschließen ist, ist nicht möglich. Im Gegensatz zu 52 % der Deutschen, die einen Schlussstrich unter ihre dunkle Vergangenheit ziehen wollen, meint der Literaturnobelpreisträger Kertész, dass dies nicht möglich sei, da Auschwitz weder widerlegt noch aufgehoben worden sei.

Text 32: Bernhard Schlink: Rede anlässlich der Verleihung des Fallada-Preises der Stadt Neumünster 1997 (Auszüge)
Die Generation der Väter und Täter (erste Generation), welche an den Verbrechen der NS-Zeit beteiligt war oder tatenlos zugesehen hat, kann ihre (erste) Schuld verdrängen oder durch Offenlegung bewältigen. Die Generation der Söhne und Töchter (zweite Generation) muss ihr Verhältnis zur ersten Generation bestimmen. Ihre (zweite) Schuld besteht darin, dass die schuldbeladenen Eltern nach dem Krieg als Mitbürger akzeptiert wurden und sogar teilweise in hohen Ämtern (Richter, Professoren, Lehrer) landen konnten. Die Enkelinnen und Enkel (dritte Generation) dagegen stehen nicht mehr vor der Wahl, ob sie Solidarität zur ersten Generation zeigen oder verweigern (moralische Verurteilung der Eltern durch die 68-er) sollen, da sie mit den Tätern nicht oder kaum noch persönlich verstrickt sind. Deshalb gibt es keine „dritte Schuld". Ihre Reaktionen angesichts des Nationalsozialismus reichen von echter Betroffenheit über Gleichgültigkeit bis hin zum Liebäugeln mit faschistischen Ideen. Als politisches Vermächtnis der Furchtbarkeiten des Dritten Reichs müssen sich diese und die nachfolgenden Generationen fragen, warum normale Menschen zu solchen Grausamkeiten fähig waren, warum politische und gesellschaftliche Institutionen damals versagt haben und warum die moralische Kultur zusammenbrechen konnte. Die Literatur kann dazu beitragen, diesen nun nicht mehr kollektiven, sondern individuellen Zugang zu den Ereignissen des Nationalsozialismus immer wieder neu herzustellen.

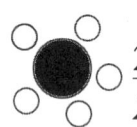

2. Phase:

TB 1

ZUSAMMENFASSUNG DER ERGEBNISSE

Nun werden vier etwa gleich große Gruppen gebildet, wobei sich jede Gruppe eines der vier soeben erstellten Poster vornimmt und innerhalb der Gruppe darüber spricht. Nach dieser etwa 5-minütigen Gesprächsphase stellt je ein Gruppenmitglied das besprochene Wandposter im Plenum vor. Dies kann durchaus zu recht unterschiedlichen Ergebnissen führen. Im Wesentlichen sollten aber die Aspekte vorkommen, welche bei der obigen Zusammenfassung der Texte erwähnt wurden. Das **Tafelbild 1** wird durch die Ergebnisse ergänzt.

3. Phase:

Text 24 / Text 26 / Text 30 / Text 31

ÜBERTRAGUNG DER ERGEBNISSE AUF SCHLINKS ROMAN

Abschließend werden die Inhalte der gelesenen Texte auf den Roman übertragen. Ausgehend von der These, dass verschiedene Generationen Anteil an der Schuld am Holocaust (vor allem in den **Texten 24, 30 und 31**) haben, werden die Personen des Romans diesen Generationen im Unterrichtsgespräch zugeordnet: Zur Generation der Täter/Väter gehören Hanna und Michaels Eltern, Michael gehört zur Generation der Söhne und Töchter, die Enkel wären somit die Schüler als Leser des Romans. Herausgearbeitet werden muss auch,

- dass zwischen der ersten und zweiten Generation eine Beziehung besteht – eine zentrale These des Romans – und dass Schlink in seinem Roman die Tätergeneration im Unterschied zu den in der Freiarbeitsphase der vorangegangenen Stunde in Kenntnis gebrachten Werken in erster Linie nicht durch die Eltern repräsentieren lässt, sondern durch die Geliebte eines Mitglieds der zweiten Generation, worin zweifellos die Besonderheit des Buches besteht. Durch die größere emotionale Nähe, der Liebesbeziehung zwischen der ersten und zweiten Generation – so wird herausgearbeitet – wird das Problem entscheidend verschärft.
- dass im Unterschied zur Opferperspektive der üblichen Holocaust-Literatur die Sichtweise einer Täterin sehr stark einbezogen und die Gerechtigkeit für die Täter thematisiert wird.

Das Gefühl der moralischen Überlegenheit gegenüber der Generation der Väter und Täter (vgl. **Text 30**) entlarvt Bernhard Schlink in seinem Roman als Selbstgerechtigkeit, denn Michael fühlt sich Hanna gegenüber nicht mehr moralisch überlegen. Die Schüler lesen in Stillarbeit nochmals die Fragenkaskaden Michaels auf den Seiten 100, 127, 128, 132, 138 und 162 durch, welche diese veränderte Einstellung der zweiten Generation gegenüber der Generation der Täter sehr deutlich machen.

Schließlich muss mit der Klasse noch über eine mögliche Schuld der dritten Generation, also der Leser des Romans, und damit über ihre eigene „Schuld" gesprochen werden. Unter anderem wird erwähnt, dass sie selbst im Unterschied zur 2. Generation nicht vor der Wahl stehen, ob sie mit den Tätern der ersten Generation solidarisch sind oder nicht, dass sie aber unterschiedliche Reaktionen auf die Verbrechen des Nationalsozialismus zeigen können: Diese reichen von Entsetzen, echter Betroffenheit und Trauer über Gleichgültigkeit bis hin zur Verleugnung des Holocaust und zum Neofaschismus.

Auch Michaels Gespräche mit drei Vertretern der sogenannten Tätergeneration (Vater, Mercedes-Fahrer, vorsitzender Richter) in den Kapiteln 12 (vgl. S. 135 ff.), 14 (vgl. S. 145 ff.) und 16 (vgl. S. 154 f.) müssen an dieser Stelle in das Unterrichtsgespräch einbezogen werden. Insbesondere wird herausgestellt, dass jeder Dialogpartner einen anderen Umgang mit dem Nationalsozialismus und dem Völkermord an den Juden zeigt:

- Der Vater steht für die Intellektuellen, welche diese Zeit kritisch, aber doch inaktiv beobachtet und teilweise ihren Posten verloren haben (hier: wegen einer philosophischen Vorlesung über Spinoza),
- der Mercedes-Fahrer für den aktiven, überzeugten Nationalsozialisten ohne kritische Distanz
- und der Richter für den Vertreter der Justiz, welche für die Sache des Nationalsozialismus instrumentalisiert wurde.

Die Frage, welche andere Möglichkeit Intellektuelle bzw. Wissenschaftler gehabt hätten, sich vom Nationalsozialismus abzugrenzen und welche Nebenfigur in Schlinks Roman diese Position vertrete, führt auf den Seminarleiter des Seminars über den Kriegsverbrecherprozess, an dem Michael teilnimmt. Er ist ein alter Jura-Professor, der in die Emigration ging, um seine Ablehnung gegenüber dem NS-Regime auszudrücken, und der zu seinen Studenten den ihn kennzeichnenden Satz sagte: „Sehen Sie sich die Angeklagten an – Sie werden keinen finden, der wirklich meint, er habe damals morden dürfen." (S. 87).

 ## Hausaufgabe (fakultativ):

Die Schüler schreiben wahlweise eine Rollenbiografie zu Michaels Vater, zum Mercedes-Fahrer oder zum Richter, in denen insbesondere die Zeit zwischen 1933 und 1945 ausführlich vorkommen soll. Dabei dürfen und sollen die Schüler Eigenschaften und biografische Daten und Fakten der gewählten Person hinzuerfinden, wobei am Ende aber ein in sich stimmiges und zu den im Roman vorkommenden Andeutungen passendes Profil der jeweiligen Person entstehen soll.

13. Stunde

BESPRECHUNG DER HAUSAUFGABE (FAKULTATIV):
Vorlesen der Rollenbiografien

1. PHASE:
RÜCKBLICKENDE ERLÄUTERUNG VON TEXTSTELLEN DES 1. UND 2. TEILS (BIS KAPITEL 20)

Im Unterricht wird zunächst der Beginn des 20. Kapitels bis einschließlich des Satzes „Hanna konnte nicht lesen und schreiben." (S. 126 unten) vom Lehrer vorgelesen. Es wird keines Anstoßes durch den Lehrer bedürfen, um Kommentare von Seiten der Klasse zum letzten Satz der vorgelesenen zwei Seiten auszulösen. Insbesondere werden hierbei sicherlich Ereignisse aus Hannas und zum Teil auch Michaels Vergangenheit genannt werden, die nach dieser Erkenntnis des Erzählers in einem anderen, klareren Licht erscheinen. Es wird nun verständlich, warum Hanna
- ihre Beförderung als Fahrerin bei der Straßenbahn ablehnen musste,
- ihre Beförderung bei Siemens ablehnte und Aufseherin wurde (vgl. S. 91 f.),
- sich im KZ vorlesen ließ (vgl. S. 112),
- ihre Vorleserinnen nach Auschwitz zurückschickte (vgl. S. 113),
- Michael als Vorleser so sehr schätzte (vgl. u. a. S. 42 ff.),
- Michaels Namen nicht kennt, obwohl seine Schulhefte mit den Namensetiketten offen auf dem Tisch liegen, und sie ihn deshalb mit „Jungchen" anredet (vgl. S. 35),
- nicht auf Michaels lange Briefe reagierte (vgl. S. 50),
- Michael während der Radtour die Wahl der Routen, Hotels und Speisen und damit das Schreiben und Lesen überließ (vgl. S. 52–54),
- Michaels Zettel, den ihr dieser im Hotel geschrieben hatte, angeblich nicht finden konnte (vgl. S. 54 f.),
- die Bücherregale in Michaels Elternhaus so ehrfürchtig behandelte (vgl. S. 60 f.),
- häufig und wahllos ins Kino geht (vgl. S. 76),
- teilweise launisch und herrisch ist und unter einem für Michael unerklärlichen Druck leidet (vgl. S. 76),
- auf keine Vorladung von Seiten des Gerichts reagierte (vgl. S. 94),
- den Verzicht auf das Vorlesen der deutschen Fassung des Buches einer Überlebenden des Holocaust vor Gericht nur widerwillig akzeptierte (vgl. S. 104),
- ein Protokoll ihrer richterlichen Vernehmung trotz offenkundlicher Fehler unterschrieben hatte (vgl. S. 105),
- entgegen der Wahrheit sich selbst bezichtigte, einen sie stark belastenden Bericht geschrieben zu haben, um dem richterlich in Erwägung gezogenen Schriftvergleich, der sie bloßgestellt hätte, zu entgehen (vgl. S. 124).

Viele der von den Schülern soeben erwähnten Vorgänge und Verhaltensauffälligkeiten Hannas werden in den folgenden Zeilen des 20. Kapitels in Form eines inneren Monologs Michaels (vgl. S. 126 f.) erwähnt. Deshalb wird dieser Abschnitt quasi als Resümee der Kommentare der Klasse bzw. als Überprüfung ihrer Vollständigkeit und gegebenenfalls als Ergänzung von den Schülern still nachgelesen. Eventuell kann an dieser Stelle noch mit den Schülern kurz darüber diskutiert werden, ob die Tatsache, dass Hanna ein höheres Strafmaß in Kauf nimmt, um einer Bloßstellung zu entgehen, nachvollziehbar ist oder als etwas künstlicher Einfall des Autors angesehen werden muss.

2. Phase:
Auswirkungen des Analphabetismus auf die Betroffenen

Text 33 / Text 34

Nachdem als Impuls die Folie eines „Textes" mit völlig unverständlichen Schriftzeichen **(Text 33)** an die Wand projiziert wurde, äußern die Schüler ihre Empfindungen. Insbesondere sollen sie erkennen, wie sich Analphabeten angesichts von schriftlichen Dokumenten vorkommen. Folgende Auswirkungen des Analphabetismus' auf die betroffenen Personen macht die Lektüre eines Textes **(Text 34)** deutlich:
- (meist erfolglose) Suche von Jugendlichen nach Jobs, in denen weder Lese- noch Schreibfähigkeit gefragt ist
- zunehmend untergeordnete Rolle von praktisch-handwerklichen Fähigkeiten bei der Einstellungsentscheidung
- Angst der Analphabeten vor Diskriminierung, sozialer Stigmatisierung, Bloßstellung
- deshalb: Vermeidung schriftsprachlicher Anforderungssituationen (z.B. Ausfüllen von Formularen bei Arztbesuchen, Gruppenreisen etc., berufliche Fortbildungen, Beteiligung an politischen Wahlen)
- dadurch: Verstärkung des Analphabetismus (falls die Person früher ansatzweise lesen und schreiben konnte) wegen fehlender Übung
- Scheu vor Partnerbeziehungen
- Rückzug aus sozialen Kontakten und Aktivitäten, Isolation
- Entwickeln von „Überlebensstrategien" (Übernahme von Schreibaufgaben durch eine Vertrauensperson, Bestellung des gleichen Gerichts im Restaurant, Mitnahme von Formularen nach Hause unter einem Vorwand)
- Ablehnung von Beförderungsangeboten

Die unverkennbaren Parallelen zu Hanna werden im Unterrichtsgespräch kurz angesprochen.
Nun sollen die Schüler Hannas Verhalten, insbesondere ihre Scham vor einer Enthüllung ihrer Schwäche beurteilen. Zwar werden sie sicherlich teilweise Verständnis dafür aufbringen, doch Hannas Verschweigen ihres Analphabetismus in einer ganz entscheidenden Situation ihres Lebens, nämlich vor Gericht, werden sie wohl kaum nachvollziehen können, zumal – so wird im Unterrichtsgespräch herausgearbeitet werden – ihre Bloßstellung als skrupellose Nazi-Verbrecherin weit schwerwiegender zu beurteilen ist als die Enthüllung ihres Unvermögens zu lesen und zu schreiben.
Dass Michael zumindest ansatzweise genauso denkt, macht die gemeinsame Lektüre der beiden folgenden Abschnitte des 20. Kapitels (S. 27 f.) deutlich.

14./15. Stunde

1. Phase:
MICHAELS SCHULDGEFÜHLE

TB 1   TB 2

Die Frage, was den Schülern beim Vergleich des Endes des 1. Teils mit dem Ende des 2. Teils auffalle, führt zu Michaels Schuldgefühlen. Er hat nach der Trennung von Hanna und später bei der Gerichtsverhandlung das Gefühl, Hanna verraten und verleugnet zu haben (vgl. S. 72 und 80 unten – S. 151 unten). Diese Schuldgefühle – so muss mit den Schülern herausgearbeitet werden – sind auf Michaels Feigheit, im Schwimmbad auf Hanna zuzugehen, sowie auf seine Unfähigkeit, dem Richter die Wahrheit über Hannas Analphabetismus zu sagen, zurückzuführen. Vor allem Letzteres bedarf einer eingehenden Klärung im weiteren Verlauf des Unterrichtsgesprächs. Eventuell wird als Vorbereitung des Unterrichtsgesprächs noch einmal der entscheidende Abschnitt (vgl. S. 132–133) mit der Klasse gelesen.

Michaels Konflikt zwischen seinem Versuch, Hanna zu verstehen, und seiner moralischen Verpflichtung, sie zu verurteilen, muss herausgearbeitet, in einem Tafelbild (vgl. **Tafelbild 2**) festgehalten und anschließend mit der Klasse diskutiert werden:

Einerseits würde eine Offenbarung von Hannas Geheimnis durch Michael zu ihrer Entlastung führen und ihre Strafe reduzieren. Andererseits hat Michaels Akzeptanz von Hannas Entscheidung, ihren Makel zu verheimlichen, die Wahrung ihrer Würde zur Folge. Bei der Diskussion innerhalb der Klasse über Michaels Verhalten sollte sich der Lehrer weitgehend zurückhalten. Wichtig ist, den Schülern die Möglichkeit einzuräumen, für Michael Verständnis zu äußern, aber auch Michaels Entscheidung zu kritisieren und Handlungsalternativen aus ihrer Sicht vorzustellen.

Eine solche Handlungsalternative könnte fakultativ in einem Rollenspiel von einer Schülerin und einem Schüler vorgestellt werden: Michael redet mit Hanna, sagt ihr, dass ihm ihr Analphabetismus bewusst geworden sei, und versucht sie zu überreden, durch das Eingestehen ihres Mangels vor Gericht ein milderes Urteil zu erwirken. Ob Hanna auf diesen Vorschlag eingeht, bleibt im Ermessen der beiden Spieler, welche das Gespräch improvisieren.

Der vorletzte Abschnitt des 15. Kapitels im 2. Teil (S. 151 f.), der eventuell noch einmal von der Klasse still gelesen wird, zeigt, dass Michaels Konflikt noch eine weitere Ebene aufweist, die einer Klärung im Unterrichtsgespräch bedarf:

Michaels Verständnis für Hannas Verbrechen und seine Verurteilung schließen sich gegenseitig aus. Ein fehlendes Verständnis bedeutet für Michael aber einen weiteren Verrat an der Geliebten.

Der dritte im Unterrichtsgespräch herauszuarbeitende Aspekt von Michaels Schuld liegt in dessen Einsicht begründet, eine Verbrecherin geliebt zu haben (vgl. S. 129).

Die Ergebnisse werden als Ergänzungen im **Tafelbild 1** eingefügt.

2. Phase (fakultativ):
MICHAELS GESPRÄCH MIT DEM VATER

Eine kurze Analyse des Gesprächs des Rat suchenden Michael mit seinem Vater (vgl. S. 136–138) zeigt den Schülern, wie kühl, unpersönlich, emotionslos und klar geregelt das Verhältnis zwischen den beiden ist und wie wenig der Vater – wie schon in Michaels Kindheit und Jugend – seinem Sohn als Identifikationsfigur dienen oder diesen zumindest in einer wichtigen Lebensfrage beraten kann. In einem Rollenspiel können anschließend zwei Schüler vorführen, wie ein Gespräch zwischen Michael und einem einfühlsameren, die Probleme seines Sohnes ernst nehmenden Vaters ablaufen könnte.

3. PHASE: TB 1
ERNEUTE BEURTEILUNG VON HANNAS SCHULD

Mit dem Wissen um Hannas Analphabetismus muss ihre Schuld auch von der Klasse neu beurteilt werden. In der Diskussion über diese Frage wird herausgestellt, dass Hannas Verantwortung und damit ihre Schuld reduziert werden muss, da sie erstens in ihre Tätigkeit als KZ-Aufseherin aufgrund ihres Mangels hineingeraten ist und diese Aufgabe nicht aus innerer Überzeugung übernommen hat und zweitens durch ihren Analphabetismus in gewisser Weise „unmündig" war. Das **Tafelbild 1**, das in der 2. Stunde begonnen wurde, wird entsprechend ergänzt.

4. PHASE:
KREATIVE AUSEINANDERSETZUNG MIT DER SCHULDPROBLEMATIK

In arbeitsteiliger Gruppenarbeit (ca. 4 Schüler pro Gruppe) wird wahlweise einer der beiden folgenden kreativen Aufträge bearbeitet:

Auftrag 1:
Stellen Sie sich vor, Michael hätte Hannas Verteidiger über deren Analphabetismus informiert. Formulieren Sie dessen Plädoyer!

Auftrag 2:
Schreiben Sie einen Artikel für eine Tageszeitung, in dem Sie über den Verlauf des Prozesses und das Urteil berichten!

Bei der Präsentation der Ergebnisse der Gruppenarbeit wird noch einmal deutlich, wie unterschiedlich Hannas Verbrechen beurteilt werden können.

HAUSAUFGABE:

Die Schüler lesen den 3. Teil (S. 159–207) des Romans.

16./17. Stunde

1. PHASE: TB 1
MICHAELS LEBEN OHNE HANNA

Michaels Leben ohne Hanna wird vor allem im 2. Kapitel des 3. Teils erzählt, wobei sich aber auch hier sein früheres Verhältnis mit Hanna als prägend erweist. Die Schüler nennen im Unterrichtsgespräch als wesentliche Ereignisse Michaels Heirat mit Gertrud, die Geburt seiner Tochter Julia und die Scheidung fünf Jahre später (vgl. S. 164 f.) und erwähnen, dass der Erzähler dies ausdrücklich als Teil seiner „Schuld" ansieht, da er seiner Tochter dadurch die Geborgenheit einer funktionierenden Familie vorenthält (vgl. S. 165). Damit kann das **Tafelbild 1** um einen neuen Zweig erweitert werden. Die Frage, warum ihn diese „Schuld" besonders hart treffe, werden die Schüler eventuell mit dem Hinweis auf Michaels Kindheit und Jugend, in deren Verlauf der Erzähler selbst eine innige Beziehung zu seinem Vater vermisste, beantworten. Zur Sprache gebracht werden kann im Unterrichtsgespräch ferner, dass die Trennung von Hanna für die Kontaktarmut und Gefühlskälte, die Michaels Leben als Erwachsener prägen, und für die Enttäuschungen, die er in Beziehungen mit Frauen erfährt, verantwortlich gemacht werden kann.

Als auffallendes erzählerisches Mittel kann an dieser Stelle noch die stark raffende Darstellung der Ereignisse im 2. Kapitel des 3. Teils besprochen werden, welche deutlich macht, dass der Schwerpunkt des Romans eindeutig auf der Geschichte zwischen Michael und Hanna ruht.

2. PHASE: TB 1
MICHAELS BEZIEHUNG ZU HANNA NACH DEM PROZESS

Bei der Beschreibung der Beziehung Michaels zu Hanna wird den Schülern sofort auffallen, dass Michael sie weder besucht noch ihr Briefe schreibt. Die Gründe hierfür werden im Roman nicht direkt genannt, die Schüler werden aber vermuten, dass sich Michael von der früheren Geliebten abgrenzen, sich aus früherer Abhängigkeit befreien und vielleicht sogar damit Hanna bestrafen will. Das **Tafelbild 1** wird an dieser Stelle der Unterrichtseinheit durch das Einfügen von Michaels ausbleibenden Besuchen bei Hanna ergänzt.

Auf die Frage, welche Funktion das Vorlesen auf Kassetten für Michael habe, sollen die Schüler erkennen,
- dass Michael seine unverarbeitete Beziehung zu Hanna teilweise therapeutisch aufarbeiten kann, indem er sich ihr aus der Distanz (ohne persönlichen Kontakt), dabei aber dennoch persönlich zuwenden kann,
- und dass Michael seiner früheren Geliebten weiterhin den Zugang zum bildungsbürgerlichen Literaturkanon ermöglichen, ihr aber keinen Zugang zu seinem persönlichen Leben gestatten will.
- Ob man sogar so weit gehen darf, zu behaupten, Michael wolle damit Hanna nicht aus ihrer früheren Schuld, als sie sich im Konzentrationslager von jungen Insassinnen vorlesen ließ, entlassen, mag eventuell angesprochen werden.

3. PHASE:
FUNKTION VON HANNAS ALPHABETISIERUNG

Nun muss man sich mit der Frage beschäftigen, welche Funktion das Erlernen des Lesens und Schreibens für Hanna hat. Erkannt werden sollte, dass sich Hanna dadurch auch mit der Literatur über den Nationalsozialismus und insbesondere dessen Verbrechen vertraut machen (vgl. S. 193 unten) und somit mit ihrer eigenen Schuld auseinandersetzen kann. Die Lesefähigkeit führt also zur Schuldeinsicht. Ob diese konkrete Veränderung in Hannas Einstellung glaubwürdig ist bzw. die dahinter stehende allgemeine Frage, ob Bildung so grausame Ereignisse, wie sie der Nationalsozialismus hervorbrachte, verhindern könne, kann in einem kleinen Exkurs an dieser Stelle in der Klasse diskutiert werden.

Möglicherweise werden die Schüler anführen, dass Hannas durch die Lesefähigkeit ausgelöster „Gesinnungswandel" wenig glaubwürdig sei. Auf jeden Fall lassen sich aber vor allem in der Zeit des Dritten Reiches genügend Beispiele dafür finden, dass gebildete Menschen (z. B. Adolf Eichmann) zu den schlimmsten Verbrechen fähig waren. Auf den Roman zurückführend, wird die Frage gestellt, wie sich Hannas Schuldeinsicht auf ihr Leben im Gefängnis auswirkte. Die Schüler sollten erwähnen, dass Hanna, die vorher immer auf ihren schlanken Körper und auf peinlich gepflegte Sauberkeit geachtet hatte, zusehends verwahrloste, dick wurde und schlecht roch (vgl. S. 196). Dass sich Hanna nicht mehr wäscht, kann auch auf der psychoanalytischen Ebene von den Schülern analysiert werden, was zu folgenden zwei Deutungen führen könnte:

1. Deutung:
Sie erkennt nun ihre Schuld an, versucht sich also nicht mehr, von ihrer Schuld „rein zu waschen". Damit erfährt natürlich nachträglich das Liebesritual des Duschens und Badens eine besondere Dimension, die noch kurz angesprochen werden könnte.

2. Deutung:
Sie will damit zeigen, dass sie sich durch das Erlernen des Lesens und Schreibens nun zu den mündigen Mitmenschen zählt und ihren früheren Mangel nicht mehr durch ihre körperlichen Qualitäten kompensieren muss.

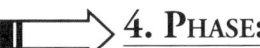

4. Phase:
Hannas Todessehnsucht

Es wird nun auf die folgende Phase, in der es um Anzeichen der Todessehnsucht Hannas geht, übergeleitet. Neben dem erwähnten körperlichen Verfall wird im Unterrichtsgespräch herausgearbeitet, dass sich Hanna nur noch von den Toten verstanden und nur noch den Toten gegenüber verantwortlich fühlt (vgl. S. 187).

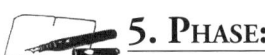   **TB 1**

5. Phase:
Gründe für Hannas Selbstmord

Der Satz der Gefängnisleiterin „Frau Schmitz hat nicht geschrieben, warum sie sich umgebracht hat" (S. 197) dient als Impuls für einen kreativen Auftrag an die Klasse: Die Schüler verfassen einen Abschiedsbrief Hannas, in dem sie vor allem die Gründe für ihren Selbstmord erläutern. Diese Aufgabe wird in Stillarbeit erledigt. Im Anschluss daran werden einige Briefe vorgelesen.
Folgende Gründe für Hannas freiwilliges Ausscheiden aus dem Leben werden vermutlich in den Briefen angeführt:
– Enttäuschung über das Ausbleiben von Briefen Michaels (vgl. S. 195)
– Unmöglichkeit einer gemeinsamen Zukunft mit Michael
– Akzeptieren und Erkennen ihrer moralischen Schuld
– Unmöglichkeit, mit ihren Schuldgefühlen fertig zu werden, Unerträglichkeit ihrer Schuld
– Erkenntnis, keinen Platz mehr im Leben finden zu können, der Welt nicht gewachsen zu sein
– Mangelndes Verständnis der Mitmenschen

Michaels Verzicht auf weitere Briefe an Hanna wird im **Tafelbild 1** ergänzt, welches damit endgültig abgeschlossen wird.

6. PHASE:

GRÜNDE FÜR MICHAELS „ERZÄHLERISCHE" VERARBEITUNG DER VERGANGENHEIT

AB 2

Auf die Frage, was sich für Michael nach Hannas Tod geändert habe, werden die Schüler erwähnen, dass dieser sich erst nach Hannas Ableben zu ihr bekennt und mit der Niederschrift der Geschichte beginnt. Im Unterrichtsgespräch kann auch kurz erläutert werden, warum Michael nicht früher mit der erzählenden Verarbeitung seiner Beziehung begonnen hat. Zwar hatte er schon früher das Bedürfnis, seine Erlebnisse mit Hanna „loszuwerden", doch fehlte es ihm an interessierten Zuhörern (vgl. S. 166). Anschließend werden folgende Gründe für die Niederschrift der Geschichte gesammelt und im **Arbeitsblatt (AB 2)** festgehalten:
- Verarbeitung der Beziehung: Lösung von den quälenden Erinnerungen, Fragen und Selbstvorwürfen
- Erinnerung an die früheren Zeiten

Zusammenfassend sollte noch herausgearbeitet und im Arbeitsblatt ergänzt werden, dass für die Niederschrift der Geschichte somit paradoxerweise sowohl das Bedürfnis nach Distanz (Verarbeiten, Lösung) als auch das Bedürfnis nach Nähe (Erinnerung) ausschlaggebend waren. Damit die Frage, inwieweit der Erzähler Michael und der Autor Bernhard Schlink identisch seien, beantwortet werden kann, wird vom Lehrer eine knappe Biografie Bernhard Schlinks vorgestellt:

*Bernhard Schlink wurde am 6. Juli 1944 in der Nähe von Bielefeld als Sohn eines Theologieprofessors geboren. Er wuchs in Heidelberg und Mannheim auf, studierte Jura und habilitierte nach seiner Doktorarbeit zum Professor. Er arbeitete vor der Wiedervereinigung an der Übergangsverfassung für die DDR mit. Seit 1989 ist er Professor an der Humboldt-Universität Berlin für Öffentliches Recht und Rechtsphilosophie. Schriftstellerischen Weltruhm erlangte er 1995 mit seinem in 40 Sprachen übersetzten und vielen nationalen und internationalen Preisen ausgezeichneten Roman „Der Vorleser." Bis 2005 war er außerdem Richter am Verfassungsgerichtshof für das Land Nordrhein-Westfalen in Münster. Bernhard Schlink lebt in Berlin und New York.
(formuliert nach Informationen des Diogenes-Verlags unter www.diogenes.ch)*

Danach werden die Schüler anmerken, dass der Erzähler mit dem Autor das Studium der Rechtswissenschaften und das Interesse am Schreiben bzw. Erzählen gemeinsam hat. Erkannt werden muss aber auch, dass Ich-Erzähler und Autor einer Geschichte grundsätzlich nicht dieselbe Person sind. Damit wurde auf die Erzählperspektive hingeführt, die das Thema der folgenden Stunde sein wird.

18. Stunde

1. Phase:
Erzählendes und erlebendes Ich

Zwei Passagen aus dem 11. Kapitel des 1. Teils, in dem von einem Streit während der Radtour erzählt wird, in dessen Verlauf Hanna Michael mit einem Ledergürtel schlägt, werden einander gegenübergestellt:

1. Passage:
Ich setzte mich. Da, wo ich den Zettel auf den Nachttisch gelegt hatte, lag er nicht mehr. Ich stand auf, suchte neben und unter dem Nachttisch, unter dem Bett, im Bett. Ich fand ihn nicht. [...] Wir stritten nicht mehr. War ein Windstoß gekommen, hatte den Zettel genommen und irgend- und nirgendwo hingetragen? War alles ein Mißverständnis gewesen, ihre Wut, meine geplatzte Lippe, ihr wundes Gesicht, meine Hilflosigkeit?
Hätte ich weitersuchen sollen, nach dem Zettel, nach der Ursache von Hannas Wut, nach der Ursache meiner Hilflosigkeit? (S. 55 f.)

2. Passage:
Wieder ist der Bericht von unserem Streit so ausführlich geraten, daß ich auch von unserem Glück berichten will. Der Streit hat unser Verhältnis zueinander inniger gemacht. Ich hatte sie weinen sehen, Hanna, die auch weinte, war mir näher als Hanna, die nur stark war. Sie begann eine sanfte Seite zu zeigen, die ich noch nicht gekannt hatte. (S. 56 f.)

Die Schüler sollen die beiden Passagen hinsichtlich ihrer Erzählweise vergleichen. Eventuell kann man ihnen als Hilfe geben, sich zu überlegen, wie alt das Erzähler-Ich in der ersten bzw. zweiten Passage sein dürfte.

Die erzähltechnische Gegenüberstellung der beiden Textstellen sollte ergeben,
– dass die Distanz des Erzählers zum erzählten Geschehen unterschiedlich groß ist,
– dass Hannas Verhalten in der ersten Passage für das Ich rätselhaft bleibt, was die Reihung von unbeantworteten Fragen in der erlebten Rede deutlich zum Ausdruck bringt,
– dass Hannas Verhalten in der zweiten Passage nachträglich vom Ich gedeutet wird,
– dass der Leser der ersten Textstelle recht unmittelbar und eher emotional das Geschehen miterlebt, während der Leser der zweiten Stelle mit einer Deutung des Ich-Erzählers und damit mit rationalen Überlegungen konfrontiert wird,
– dass man aufgrund des Wissensunterschiedes Michaels in beiden Passagen genau genommen von zwei verschiedenen Ichs sprechen könnte.

Der Lehrer führt an dieser Stelle die Termini „erzählendes Ich" (das Ich, für welches die Geschichte bereits abgeschlossen ist und welches nun rückblickend aus einer gewissen Distanz heraus auf sein Leben blickt) und „erlebendes Ich" (das Ich, das in der Geschichte selbst handelt, denkt oder fühlt und den Ausgang der erzählten Ereignisse nicht kennen kann) ein – sofern die Klasse damit nicht bereits vertraut sein sollte. Mit der Frage, welche Wörter der beiden vorgestellten Textstellen für den Unterschied der beiden Ichs besonders kennzeichnend seien, wird überprüft, ob der Lehrervortrag zur Erzählhaltung verstanden wurde: Während in der ersten Textstelle die Wörter „Mißverständnis" und „Hilflosigkeit" zeigen, dass Michaels jugendliches Ich noch nichts von Hannas Analphabetismus und damit vom wahren Grund für das Verschwinden des Zettels weiß, bringen die Wörter „Bericht", „ausführlich" und „berichten" deutlich zum Ausdruck, dass hier Michaels späteres Ich über seine Niederschrift reflektiert.

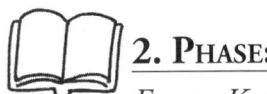

2. Phase: Text 35
Franz K. Stanzels Ausführungen zur Ich-Erzählung

Als weitere Wiederholung des soeben Gelernten, aber auch als Hinführung auf die folgende Phase lesen die Schüler einen Auszug aus Franz K. Stanzels Standardwerk „Typische Formen des Romans" (**Text 35**), wobei sie den Auftrag erhalten, in Stillarbeit die Stellen zu unterstreichen, welche besonders gut auf Bernhard Schlinks Ich-Roman anwendbar sind.

Danach werden die unterstrichenen Passagen vorgelesen und es wird begründet, warum sie auf den Roman zutreffen.
Folgende Passagen sollten u. a. erwähnt und kommentiert werden:
- Es gibt eine „Spannung zwischen dem erlebenden Ich und dem erzählenden Ich, die das Sinngefüge des Romans bestimmt", da Michaels erzählendes Ich älter und reifer ist und weit mehr von Hannas Vorgeschichte weiß als Michaels anfängliches erlebendes Ich. Der Roman gibt dem Leser Einblicke sowohl in die Überlegungen des erlebenden Ichs als auch in die des erzählenden Ichs.
- Die „Ich-Figur" erzählt ihr Leben, „nachdem sie eine Wandlung durch Reue … oder Einsicht durchgemacht hat", da Michael sein früheres Verhalten Hanna gegenüber bedauert und über sie mehr und mehr erfährt.
- Auch kann man bei Schlinks Roman von „zwei ganz verschieden orientierten Entwicklungsphasen im Leben der Ich-Figur" sprechen. „Das erzählende Ich ist seit seinen Erlebnissen, die den Inhalt der Geschichte bilden, innerlich gewachsen, reifer, einsichtiger geworden und vermag nun sein früheres Verhalten von einem höheren moralischen … Standpunkt zu begreifen und beurteilen."
- Teilweise sucht ein „sentimentalisch gestimmtes Bewusstsein seine frühere naive Lebensphase erinnernd wiederzufinden und an sich zu ziehen".
- Michael „versucht sich … selbst zu begreifen, sich zu definieren, von seiner Umwelt abzugrenzen".
- Der „Scheinwerferkegel der Darstellung" enthüllt immer wieder auch Michaels „Innenwelt, Bewusstseinsabläufe, Gedanken, Stimmungen", was sich vor allem an Textstellen zeigt, welche eine Reihe von Fragen aufwerfen.

3. Phase: AB 2
Abnehmende Distanz zwischen erzählendem und erlebendem Ich

Anknüpfend an die von Stanzel festgestellten unterschiedlichen Ausprägungen des Ich-Romans, wird die Frage gestellt, wie groß der temporale und kognitive Abstand zwischen dem erzählenden und dem erlebenden Ich in Schlinks Roman ist.
Die zeitliche Distanz kann von den Schülern anhand einiger Informationen aus dem Roman errechnet werden: Hannas Selbstmord erfolgte im Jahr 1984. Etwa 10 Jahre später schrieb Michael seine Geschichte nieder. Als er 15 Jahre alt ist, und somit im Herbst 1958, beginnt seine Beziehung mit Hanna und damit das Romangeschehen. Der zeitliche Abstand beträgt also zu Beginn des Romans 36 Jahre, schrumpft dann immer mehr zusammen und beträgt bei Hannas Tod nur noch 10 Jahre. Schließlich fallen zu Beginn des letzten Kapitels die erzählte und die erzählende Zeit ganz zusammen.
Um der Klasse auch optisch deutlich zu machen, dass Schlinks Roman von zwei zeitlichen Ebenen aus erzählt wird, wird das **Arbeitsblatt 2** ausgeteilt. Im Unterrichtsgespräch werden die wesentlichen im Roman erzählten Ereignisse in Michaels Leben (Liebesbeziehung zu Hanna, Beobachter in Kriegsverbrecherprozess, Ehe mit Gertrud und Geburt der Tochter, Besprechen von Kassetten für Hanna, Begegnung mit Hanna im Gefängnis) und in Hannas Leben – soweit sie Michael (zum Teil nachträglich) bekannt werden – (Hannas Geburt, Tätigkeiten als KZ-Aufseherin und Schaffnerin) mit den dazugehörigen Daten – soweit sie aus dem Romantext zu ermitteln sind – wiederholt und auf bzw. über der oberen Linie des Arbeitsblattes, welche der Ebene des erlebenden Ichs und somit der erzählten

Handlung entspricht, eingetragen. Die untere Linie steht für die Ebene des erzählenden Ichs und erstreckt sich über etwa 10 Jahre von dessen Vorsatz, seine frühere Geschichte aufzuschreiben, bis hin zur Beendigung des Buches im Jahre 1994, quasi dem Jahr, in dem beide Linien in einem Punkt zusammenkommen bzw. kein zeitlicher Unterschied mehr zwischen dem erzählenden und dem erlebenden Ich besteht. Dies alles wird ebenfalls im Unterrichtsgespräch herausgearbeitet.

Diese zunehmende Annäherung findet sich auch im kognitiven Bereich wieder, denn das anfangs in Bezug auf Hannas Vorgeschichte und Analphabetismus unwissende erlebende Ich erfährt mit Beginn des 2. Kapitels im 2. Buch immer mehr über das Leben und die Eigenheiten der früheren Geliebten. Abschließend sollen die Schüler im letzten Kapitel des Romans eine Formulierung suchen, mit der dieser Zusammenfall sprachlich ausgedrückt wird:

„Die Schichten unseres Lebens ruhen so dicht aufeinander, dass uns im Späteren immer Früheres begegnet, nicht als Abgetanes und Erledigtes, sondern gegenwärtig und lebendig." (S. 206) Dieser Satz steht bereits auf dem **Arbeitsblatt 2**.

19./20. Stunde

 **1. Phase:** /AB 3

Innere Monologe

In der folgenden Freiarbeitsphase beschäftigt sich die Klasse mit den wichtigsten inneren Monologen Michaels, welche meist eine Reihe von unbeantworteten Fragen aufwerfen.
Die Seitenangaben zu folgenden Passagen werden hierzu an die Tafel notiert:

1 – S. 17 ganz oben („Warum habe ich …" bis „… hatte lassen können.")
2 – S. 21, 3. Abschnitt f. („So habe ich …" bis „… aber nicht folgen muß.")
3 – S. 28, 2. Abschnitt („Habe ich mich …" bis „… der ich mich stelle.")
4 – S. 37 Mitte („War es ihr …" bis „Was war ich für sie?")
5 – S. 38 Anfang des Kapitels („Warum mach es mich …" bis „… unerkannter Schmerz.")
6 – S. 48 unten („Hatte sie vielleicht …" bis „… doch verletzt?")
7 – S. 58, 2. Abschnitt („Im Rückblick …" bis „… hatte erkennen lassen.")
8 – S. 87, 3. Abschnitt („Aufarbeitung!" bis „… Aufklärung zu Scham.")
9 – S. 88, 2. Abschnitt f. („Wir Studenten …" bis „… im reinen zu sein.")
10 – S. 99, 3. Abschnitt f. („Zugleich frage ich …" bis „… das sollte es sein?")
11 – S. 123, 4. Abschnitt („Nicht daß man …" bis „… was Hanna beschrieb.")
12 – S. 126 ganz unten f. („Deswegen hatte sie …" bis „… das Verbrechen.")
13 – S. 128 ganz oben („Wie oft habe ich mir …" bis „… ihr Kampf.")
14 – S. 132 ganz oben („Etwas tat …" bis „… schreiben lernen können.")
15 – S. 138, 2. Abschnitt („Mit Hanna reden?" bis „… gegenübertreten sollte.")
16 – S. 153, 2. Abschnitt („Warum ich nicht schaffte …" bis „… dann indirekt.")
17 – S. 161 ganz oben ff. („Manchmal denke ich …" bis „… zugehörig fühlen können.")
18 – S. 183, 2. Abschnitt („Gerade weil sie …" bis „… geschehen war.")
19 – S. 190, 2. Abschnitt („Aber es war mir …" bis „Wo blieb ich?")
20 – S. 205 ganz oben („Inzwischen liegt das …" bis „… mein Leben geworden.")

Die Schüler erhalten den Auftrag, während der Unterrichtsstunde so viele Romanpassagen wie sie Zeit bzw. Lust haben durchzulesen, um anschließend den jeweils gelesenen Abschnitt zeitlich in den Roman einzuordnen. Wie in Freiarbeitsphasen üblich, können sich selbstverständlich auch zwei oder mehr Schüler zusammensetzen. Pausen können selbst bestimmt werden. Gleiches gilt für die Anzahl der studierten Texte.

Die Schüler sollen herausfinden, ob sich in der jeweils vorliegenden Passage das erzählende oder das erlebende Ich bzw. beide gleichzeitig oder aufeinanderfolgend äußern und worum es in dem jeweiligen inneren Monolog geht. Schließlich können sich die Schüler noch überlegen, welche Antworten sie ganz persönlich auf die meist unbeantworteten Fragen in vielen der Textpassagen geben würden. Alle Ergebnisse der Freiarbeit werden in eine Tabelle eingetragen (**vgl. Arbeitsblatt 3**), welche auf einem Poster (DIN-A1) im Klassenzimmer aufgehängt wurde.

 **2. Phase:** /AB 3

Ergebnisse der Freiarbeitsphase

In der darauf folgenden Phase werden die Ergebnisse der Freiarbeit im Unterrichtsgespräch vorgestellt und – bei Abweichungen bzw. bei unterschiedlichen Vorschlägen zur persönlichen Beantwortung der Fragen (6. Spalte der Tabelle) – gegebenenfalls diskutiert. Die erwarteten bzw. möglichen

Ergebnisse können dem ausgefüllten **Arbeitsblatt 3** entnommen werden, wobei hier die Beantwortung der Fragen (6. Spalte) aufgrund der zu erwartenden individuell sehr unterschiedlichen Vorschläge der Schüler offen gelassen ist.

Im Folgenden werden deshalb nur noch knappe erläuternde Hinweise zu einzelnen Textabschnitten gegeben:

Textabschnitt 1:
Zunächst äußert sich eindeutig das erlebende jugendliche Ich Michaels, da dieses weder weiß, wie alt Hanna genau ist („Über dreißig?") noch warum Hanna so anziehend auf ihn wirkt. Dann („Jahre später …") kann das erzählende Ich doch noch eine quasi verspätete Antwort aus der Sicht seines reiferen Ichs auf die letzte Frage geben (Hannas „Haltungen und Bewegungen" faszinierten Michael besonders).

Textabschnitt 2:
Das rückblickende erzählende Ich versucht das Verhalten des jugendlichen, erlebenden Ichs zu erklären, ohne dabei von seinem Wissen bezüglich Hanna Gebrauch zu machen, um den Lesern nicht die Spannung zu nehmen.

Textabschnitt 3:
Während das erlebende Ich keine Antwort auf seine etwas naive Frage, warum es sich in Hanna verliebt hat, geben kann, weiß das erfahrenere und auf einen großen Teil seines Lebens zurück blickende erzählende Ich („Bis heute …"), dass sexueller Kontakt mit einer Frau bei ihm aus dem Gefühl der Dankbarkeit oder dem Bedürfnis der Abgeltung heraus Liebe oder zumindest den Versuch der Liebe auslöst.

Textabschnitt 4:
Es kann sich nur um Gedanken des erlebenden Ichs handeln, da das erzählende Ich wohl in Hannas nationalsozialistischer Vergangenheit eine Antwort auf ihr ausgeprägtes Pflichtgefühl gefunden hätte. Eine solche Antwort kann auch von den Schülern formuliert werden.

Textabschnitt 5:
Die Adverbien „damals" und „im Rückblick" sowie die Andeutung bezüglich des „Wissen[s]", was danach kam" zeigen, dass hier Gedanken des erzählenden Ichs wiedergegeben werden. Die von Michael unbeantworteten Fragen, was Glück ist, ob Glück ewig halten muss und warum glückliche Zeiten im Nachhinein als unglücklich empfunden werden, sind so interessant, dass sie eventuell zu einer längeren, exkursartigen, aber sicherlich sehr lohnenswerten Diskussion führen können, in deren Verlauf bestimmt persönliche Erfahrungen der Schüler mit Erinnerungen und vergangenen bzw. gegenwärtigen Glücksgefühlen einbezogen werden.

Textabschnitt 6:
Die Beantwortung von Michaels Fragen (erlebendes Ich) könnte in Hannas dunkler Vergangenheit oder einfach in verletzter weiblicher Eitelkeit gesucht werden.

Textabschnitt 7:
Der Beginn der Passage („Im Rückblick …") verrät recht eindeutig, dass hier Gedanken des erzählenden Ichs wiedergegeben werden. Für die 6. Spalte werden bereits zwei mögliche Antworten vorgegeben, wobei es den Schülern überlassen bleibt, welche der beiden Antworten psychologisch wahrscheinlicher klingt bzw. ob sogar noch eine weitere Erklärung für das Verhalten von Michaels Eltern in Frage kommt.

Textabschnitt 8:
Der Abstand zwischen dem seine früheren Einstellungen und Gedanken sehr emotional kritisierenden erzählenden und dem erlebenden Ich wird sehr deutlich.

Textabschnitt 9:
Das erzählende Ich verurteilt rückblickend den überzogenen Eifer der Studenten des Seminars bezüglich der Aufdeckung der abstoßenden nationalsozialistischen Gräueltaten und damit auch seine eigenen früheren Einstellungen.

Textabschnitt 10:
Die Verwendung des Präsens und des Perfekts im ersten Satz zeigen, dass die aufgeworfenen Fragen sowohl vom Studenten Michael als auch vom späteren Erzähler Michael stammen. Ihre Beantwortung dürfte vermutlich zu einer längeren und sicherlich kontrovers verlaufenden Diskussion über den Sinn der Aufarbeitung der Nazi-Vergangenheit bzw. der Angemessenheit von Entsetzen, Scham- und Schuldgefühlen späterer Generationen führen.

Textabschnitt 11:
Vermutlich sind es eher Gedanken des erlebenden Ichs, welche hier gestellt werden. Die Beantwortung der Frage, ob Hannas Verhalten während des Todesmarsches und des Kirchenbrandes zu verstehen ist, wird individuell wahrscheinlich sehr unterschiedlich ausfallen.

Textabschnitt 12:
Die plötzlich aufkommenden, wie Erleuchtungen wirkenden Erklärungen für Hannas vorher teilweise unerklärliches Verhalten während der Liebesbeziehung und während des Prozesses stammen eindeutig vom erlebenden Ich.

Textabschnitt 13:
Die Temporaladverbien („damals und seitdem") des ersten Satzes, die später noch einmal aufgegriffen werden, weisen darauf hin, dass die folgenden Reflexionen des erlebenden Ichs bis in die Gegenwart des erzählenden Ichs hineinreichen. Michael versuchte als Student und versucht auch noch später als Erzähler, Hanna von den anderen Nazi-Verbrechern abzugrenzen und damit in gewisser Weise in Schutz zu nehmen. Damit wird deutlich, dass sich am Ende des zweiten Teils die Positionen der beiden Ichs angenähert haben.

Textabschnitt 14:
Es wird recht eindeutig der Konflikt des erlebenden Ichs wiedergegeben. Interessant ist, wie sich die Schüler in Michaels Situation verhalten hätten. Hätten sie dem Richter Hannas Analphabetismus verraten und damit gegen Hannas Willen gehandelt, sie sozusagen bloßgestellt, damit aber eine mildere Bestrafung erwirkt? Oder hätten sie wie letztlich Michael Hannas Schamgefühle respektiert?

Textabschnitt 15:
Die Fragen werden vom erlebenden Ich Michaels gestellt. Im Anschluss an die Diskussion über die beiden unterschiedlichen Handlungsalternativen Michaels könnte man – falls nicht schon geschehen – das in der 1. Phase der 8. Stunde vorgeschlagene Rollenspiel durchführen, bei dem ein Schüler in der Rolle Michaels versuchen soll, eine Schülerin in der Rolle Hannas zu überreden, ihren Analphabetismus vor Gericht als mildernden Umstand zur Sprache zu bringen.

Textabschnitt 16:
Als mögliche Antwort auf die Frage des erlebenden Ichs, warum er letztlich nicht in der Lage war, mit Hanna zu reden, könnte zum Beispiel die im Text angedeutete verletzte Eitelkeit Michaels erwähnt werden.

Textabschnitt 17:
Das Präsens des ersten Satzes („Manchmal denke ich ...") zeigt, dass in diesem Abschnitt zunächst Gedanken des erlebenden Ichs wiedergegeben werden. Nicht ganz klar wird, wo ein Übergang zu Gedanken des erzählenden Ichs vorliegt (vielleicht bei: „Ich konnte auf niemanden mit dem Finger zeigen."). Ein solcher Wechsel zur Perspektive des erzählenden Ichs muss aber vorliegen, da der letzte Abschnitt des Textauszuges mit einem deutlichen Hinweis eines das gesamte Geschehen überblickenden erzählenden Ichs beginnt („Das sind spätere Gedanken") und mit einem kommentierenden Blick auf sein früheres, erlebendes Ich endet („Gleichwohl hätte es mir damals gutgetan, wenn ich mich meiner Generation hätte zugehörig fühlen können"). Das erzählende Ich grenzt sich in dieser Passage recht deutlich gegen die frühere Position des erlebenden Ichs ab. Damit nähert sich das erlebende Ich des dritten Teils zusehends dem erzählenden Ich an. Diese Veränderung wurde durch den Prozess ausgelöst, in dessen Verlauf Michael Berg klar wurde, dass er zu den NS-Verbrechen eine andere Einstellung hat als die anderen Angehörigen seiner Generation („Ich konnte auf niemanden mit dem Finger zeigen [...] Der aufklärerische Eifer, in dem ich seinerzeit als Teilnehmer des KZ-Seminars meinen Vater zu Scham verurteilt hatte, war mir vergangen, peinlich geworden. [...] Ich mußte eigentlich auf Hanna zeigen. Aber der Fingerzeig auf Hanna wies auf mich zurück"). Die in dem Ausschnitt erwähnten Schlagwörter „Kollektivschuld" und „Generationenkonflikt" werden möglicherweise zu einer längeren Diskussion führen.

Textabschnitt 18:
Trotz der Annäherung des erlebenden Ichs an das Ich des 50-jährigen Erzählers im dritten Teil ist in dieser Passage noch die kritische Einstellung des erzählenden Ichs zu seinen früheren Beweggründen, Hanna nicht im Gefängnis zu besuchen, spürbar.

Textabschnitt 19:
Die Gewissensbisse stammen vom erlebenden Ich Michaels. Die letzten beiden Fragen werden sicherlich individuell unterschiedlich beantwortet. Möglicherweise wird erwähnt, dass Michael durchaus Rechenschaft von Hanna hätte fordern können, da sie ihm wichtige Persönlichkeitsmerkmale und Ereignisse ihrer Vergangenheit verschwiegen hatte.

Textabschnitt 20:
Der erste Satz verrät, dass das erzählende Ich auf die vergangenen zehn Jahre zurückblickt. Eventuell werden die Schüler Michael mitverantwortlich für Hannas Tod machen, da er sich in sie verliebt, sich nicht eindeutig von ihr gelöst und sie verleugnet und verraten hat.

Abschließend wird noch im Unterrichtsgespräch geklärt, warum die inneren Monologe so viele unbeantwortete Fragen enthalten. Die Schüler fassen zusammen, dass sich darin die Unerfahrenheit des jungen Michael, seine späteren Erinnerungslücken und insbesondere die Tatsache, dass er viele Ereignisse nicht bewältigen konnte, niederschlagen.

21./22. Stunde

1. Phase:
Michaels Erinnerungsvermögen

Der in der vorangegangenen Stunde festgestellte zeitliche Abstand zwischen dem Erzählvorgang und der erzählten Geschichte führt zwangsläufig zu Erinnerungslücken beim Erzähler. Es ist interessant, zu untersuchen, woran sich Michael erinnern kann und was er nicht mehr weiß. Dies wird in arbeitsteiliger Stillarbeit untersucht, wobei die Schüler bei ihrer Suche in den im Folgenden angegebenen Kapiteln auf die auffallend häufig vorkommenden (leitmotivischen) Formulierungen wie „ich erinnere mich (nicht)…" oder „ich weiß (nicht mehr), …" achten sollen.
  1. Teil: Kapitel 3, 4, 7, 10, 11, 12 (Gruppe 1)
  2. Teil: Kapitel 1, 2, 5, 10, 15 (Gruppe 2)

Eine dritte Gruppe beschäftigt sich damit, welche Vorgänge aus Michaels Vergangenheit sich in seinem Gedächtnis zu Standbildern fixiert haben.
  1. Teil: Kapitel 12, 16,
  2. Teil: Kapitel 13

Michael erinnert sich daran,
  – dass Hannas Haltungen und Bewegungen manchmal schwerfällig wirkten (vgl. S. 17),
  – wie er als vierjähriges Kind von seiner Mutter gewaschen wurde und sich dann fragte, warum er so verwöhnt wurde (vgl. S. 28 f.),
  – wie er nach der Straßenbahnfahrt mit Hanna stritt (vgl. S. 47),
  – dass er für seine kleine Schwester Jeans gestohlen hat, damit diese zu ihrer Freundin geht (vgl. S. 58 ff.),
  – wie er während des Unterrichts von Hanna träumte (vgl. S. 83),
  – wie er in der Studienzeit mit Sophie befreundet war (vgl. S. 84 f.),
  – wie ihn sein Großvater kurz vor dessen Tod segnen wollte (vgl. S. 85),
  – dass er angesichts von Gesten liebevoller Zuwendung einen Kloß im Hals spürte (vgl. S. 85),
  – dass im Seminar über das Verbot rückwirkender Bestrafung geredet wurde (vgl. S. 86),
  – wie er an den Sonntagen während des Studiums in der Rheinebene spazieren ging (vgl. S. 125),
  – wie er die Krematoriumsöfen im KZ betrachtete und sich vergeblich das Leiden dort vorzustellen versuchte (vgl. S. 149).

Michael erinnert sich nicht mehr daran,
  – was er bei seiner ersten Begegnung mit Hanna in der Küche mit ihr geredet hat (vgl. S. 13),
  – wie Hannas Gesicht bei der ersten Begegnung aussah (vgl. S. 14),
  – welche Ausrede er seinen Eltern gegenüber vor der Radtour mit Hanna gebrauchte (vgl. S. 51 und 58),
  – dass er wegen der mit Hanna verbrachten Zeit von den Eltern zur Rechenschaft gezogen worden wäre (vgl. S. 58),
  – wann er Hanna zum ersten Mal verleugnet hat (vgl. S. 72),
  – welche Theorie sein Professor bei der Beschäftigung mit der Nazi-Vergangenheit verfolgte (vgl. S. 86),
  – wie die Anklage bezüglich Hannas Verhalten in Auschwitz lautete (vgl. S. 101),
  – was in den freitäglichen Seminarsitzungen besprochen wurde (vgl. S. 125),
  – ob er bei seiner Besichtigung des KZ die Gaskammer betreten hat (vgl. S. 149).

Es lohnt sich, mit der Klasse über die Gründe von bestimmten Erinnerungslücken Michaels zu reden. Diese – so werden die Schüler möglicherweise erkennen – liegen vermutlich in der Verdrängung von unangenehmen, mit Schuld beladenen Erfahrungen und Gefühlen Michaels. Dass die Gedächtnislücken im 3. Teil des Romans nicht mehr auftauchen, kann natürlich auch mit dem geringer gewordenen zeitlichen Abstand zwischen dem Erzählvorgang und dem erzählten Geschehen begründet werden.

Folgende Situationen haben sich in Michaels Gedächtnis zu Standbildern verdichtet:
- Hanna schaut in der Dunkelheit die Bücherregale in Michaels Elternhaus an (vgl. S. 61).
- Hanna zieht sich in der Küche die Strümpfe an (vgl. S. 61).
- Hanna steht mit ausgebreitetem Frottiertuch vor der Badewanne (vgl. S. 61).
- Hanna fährt Rad und ihr Rock weht im Fahrtwind (vgl. S. 61).
- Hanna im seidenen Nachthemd – einem Geschenk Michaels – betrachtet sich im Spiegel und tanzt (vgl. S. 62).
- Hanna steht in Shorts und geknoteter Bluse im Schwimmbad vor Michael (vgl. S. 78).
- Hanna steht in schwarzer Uniform und mit einer Reitpeitsche vor der brennenden Kirche und zeichnet Kringel in den Schnee (vgl. S. 140).
- Hanna lässt sich mit schmalem Mund im KZ vorlesen und schickt die Vorleserin am nächsten Morgen ins KZ Auschwitz (vgl. S. 140).
- Hanna geht Lagerstraßen entlang, tritt in Häftlingsbaracken und überwacht Bauarbeiten (vgl. S. 141).
- Hanna mit kalten Augen und schmalem Mund hört Michael wortlos beim Vorlesen zu (vgl. S. 141).

Lässt man diese Bilder vergleichen, fällt auf, dass sie sich mit Ausnahme des zuletzt genannten eindeutig in positive und negative Erinnerungen aufspalten lassen. Den Schülern drängt sich im Gespräch darüber möglicherweise die Deutung auf, dass der Mensch Hanna in Michaels Gedanken in zwei Persönlichkeiten gespalten ist und dass Michael nicht wahrhaben möchte, dass seine Geliebte und die KZ-Aufseherin identisch sind.

2. Phase (fakultativ):

Zeichnungen von Hannas Gesicht

Auch die Bilder von Hannas Gesicht, die der Erzähler allerdings erst „rekonstruieren muss" (S. 14), sind sehr unterschiedlich.

In künstlerisch interessierten und begabten Klassen kann man – am besten in Zusammenarbeit mit dem Kunstunterricht – Porträts von Hanna zeichnen lassen, wobei diese aus unterschiedlichen Lebensphasen stammen und sich möglichst exakt an den Beschreibungen im Romantext orientieren sollten. Folgende Passagen könnten hierfür ausgewählt werden:

- „Hohe Stirn, hohe Backenknochen, blaßblaue Augen, volle ohne Einbuchtung gleichmäßig geschwungene Lippen, kräftiges Kinn. Ein großflächiges, herbes, frauliches Gesicht." (S. 14)
- „… den Kopf fremd mit zum Knoten geschlungenen Haaren, den Nacken, den breiten Rücken und die kräftigen Arme" (S. 91)
- „Sie hatte Ringe unter den Augen, und in jeder Backe führte eine Falte von oben nach unten, die ich nicht kannte, die noch nicht tief war, sie aber schon wie eine Narbe zeichnete." (S. 112)
- „Sie tut alles mit demselben harten Gesicht, mit kalten Augen und schmalem Mund …" (S. 141)
- „… sie schaute geradeaus und durch alles hindurch. Ein hochmütiger, verletzter, verlorener und unendlich müder Blick. Ein Blick, der niemanden und nichts sehen will." (S. 157)
- „Graue Haare, ein Gesicht mit tiefen senkrechten Furchen in der Stirn, in den Backen, um den Mund …" (S. 184)

- „Das Gesicht war weder besonders friedlich noch besonders qualvoll. Es sah starr und tot aus. Als ich lange hinschaute, schien im toten Gesicht das lebende auf, im alten das junge." (S. 197)

Bemerkenswert an der letzten Passage, die sich ziemlich am Ende des Romans befindet, ist, dass sie sich in Korrelation zu einer Passage vom Romanbeginn setzen lässt: „Über ihr damaliges Gesicht haben sich in meiner Erinnerung ihre späteren Gesichter gelegt." (S. 14).

3. Phase:
Untersuchung der Leitmotive

Das Einfrieren bestimmter Situationen zu festen Bildern ist eines der in Bernhard Schlinks „Vorleser" häufig vorkommenden Motive. Andere Leitmotive des Romans werden deshalb in der nun folgenden Phase herausgearbeitet.
Die Schüler werden wahrscheinlich zunächst die bereits in der Unterrichtseinheit an anderer Stelle thematisierten Träume (vgl. 5./6. Stunde) erwähnen. Neben den dort analysierten Hausträumen Michaels kommen Träume auch auf folgenden Seiten vor:

- Es werden Michaels kindliche Fieberträume von Monstern mit Fratzen, von Möbeln, die sich zu Gebirgen, Gebäuden oder Schiffen auftürmen, erwähnt (S. 19f.).
- Es wird gesagt, Michael würde die Fahrt mit der Straßenbahn wie ein Traum vorkommen, wenn er das böse Nachspiel nicht so deutlich in Erinnerung hätte (S. 47).
- In Alpträumen wird Michael durch eine „harte, herrische, grausame Hanna" sexuell erregt und weiß beim Aufwachen nicht mehr, wer er ist (S. 141f.).
- Auf der Zugfahrt von Boston nach New York träumt Michael, mit Hanna in einem Haus inmitten bunter Wälder zu wohnen, und sieht sie dabei mit Einkaufstüten durch den Garten ins Haus gehen (S. 199f.).

Immer wieder schildert der Erzähler von ihm wahrgenommene Gerüche. Stellvertretend für viele Textstellen seien hier nur einige besonders markante angeführt:

- In dem Haus, in dem Hanna in der Bahnhofstraße wohnt, riecht es nach Putzmitteln, „manchmal gemischt mit dem Geruch nach Kohl oder Bohnen, nach Gebratenem oder nach kochender Wäsche." (S. 12).
- Michael mag Hannas Geruch nach Parfum, frischem Schweiß und Straßenbahn (S. 33).
- Michael erinnert sich im Gefängnis an Hannas Geruch:
- „Ich hatte ihren Geruch früher besonders geliebt. Sie roch immer frisch: frisch gewaschen oder nach frischer Wäsche oder nach frischem Schweiß oder frisch geliebt. Manchmal nahm sie Parfum, ich weiß nicht, was für eines, und auch dessen Duft war mehr als alles andere frisch. Unter diesen frischen Gerüchen lag noch ein anderer, ein schwerer, dunkler, herber Geruch. Oft habe ich an ihr geschnüffelt wie ein neugieriges Tier, habe an Hals und Schultern angefangen, die frisch gewaschen rochen, habe zwischen den Brüsten den frischen Schweißgeruch eingesogen, der sich in den Achselhöhlen mit dem anderen Geruch mischte, fand diesen schweren, dunklen Geruch um Taille und Bauch fast pur und zwischen den Beinen in einer fruchtigen Färbung, die mich erregte, habe auch ihre Beine und Füße erschnuppert, die Schenkel, an denen sich der schwere Geruch verlor, die Kniekehlen, noch mal mit leichtem frischem Schweißgeruch, und die Füße, mit dem Geruch von Seife oder Leder oder Müdigkeit. Rücken und Arme hatten keinen besonderen Geruch, rochen nach nichts und rochen doch nach ihr, und in den Handflächen war der Duft des Tages und der Arbeit: die Druckerschwärze der Fahrscheine, das Metall der Zange, Zwiebel oder Fisch oder gebratenes Fett, Waschlauge oder Bügelhitze. Werden sie gewaschen, verraten Hände zunächst nichts von alledem. Aber die Seife hat die Gerüche nur überdeckt, und nach einer Wei-

le sind sie wieder da, schwach, verschmolzen in einen einzigen Tages- und Arbeitsduft, in den Duft des Tages- und Arbeitsendes, des Abends, der Heimkehr und des Daheimseins." (S. 185 f.) Vor allem diese lange Passage erinnert an einige Stellen aus Patrick Süskinds Bestseller „Das Parfum". Wenn genügend Zeit zur Verfügung steht, könnte man der Klasse folgende Stelle daraus vorlesen:

*Als sie tot war, legte er sie auf den Boden mitten in die Mirabellenkerne, riß ihr Kleid
auf, und der Duftstrom wurde zur Flut, sie überschwemmte ihn mit ihrem Wohlgeruch.
Er stürzte sein Gesicht auf ihre Haut und fuhr mit weitgeblähten Nüstern von ihrem
Bauch zur Brust, zum Hals, in ihr Gesicht, hinab an ihr Geschlecht, an ihre Schenkel,
an ihre weißen Beine. Er roch sie ab von Kopf bis an die Zehen, er sammelte die
letzten Reste ihres Dufts am Kinn, im Nabel und in den Falten ihrer Armbeuge.*
(SÜSKIND, PATRICK: DAS PARFUM. ZÜRICH (DIOGENES) 1985. S. 56)

Die Schüler werden erkennen, wie sensibel beide Helden für Gerüche sind (auch wenn Michael es natürlich bei weitem nicht mit Grenouilles genialer Fähigkeit in diesem Bereich aufnehmen kann) und wie sehr mit dem „Erriechen" einer Person auch in gewisser Weise Besitz von ihr ergriffen wird.
- Im Gegensatz zu früher riecht er nun in Hannas Zelle „eine alte Frau", findet aber Hanna „zu jung" für diesen Geruch, den er von „Großmüttern und alten Tanten" kennt (S. 186).

Ein weiteres Leitmotiv des Romans ist das der Reise bzw. Fahrt. Falls die Schüler es nicht von alleine nennen, müsste der Lehrer sie durch eine Art Rätsel darauf stoßen: Was haben Michaels Lieblingslektüre, Hannas Beruf zu dem Zeitpunkt, als Michael sie kennenlernt, und der Name der Straße, in der sie wohnt, gemeinsam? Mit der Antwort sind schon drei Ausprägungen dieses häufig vorkommenden Motivs genannt:

- Michael liest sehr gerne die Odyssee, deren Held zu ziel- und endlosen Fahrten verdammt ist (vgl. S. 66 und 174). Er fühlt sich mit diesem Helden besonders verbunden, was durchaus symbolisch für sein eigenes Leben verstanden werden kann. Es ist auch das Buch, das Michael als erstes auf Kassetten vorliest.
- Hanna ist Straßenbahnschaffnerin, also den ganzen Tag unterwegs.
- Sie wohnt bezeichnenderweise in der Bahnhofstraße.

Ferner lässt sich das Motiv der Reise bzw. Fahrt noch an folgenden Vorgängen beobachten:
- Michael und Hanna unternehmen eine mehrtägige Radtour, was ihre einzige längere gemeinsame Unternehmung bleibt.
- Michael fährt als Erwachsener zum KZ Struthof, um sich eine Vorstellung von den Gräueltaten der Nationalsozialisten und damit auch ein Bild von der anderen Seite seiner Geliebten zu machen.
- Michael reist nach New York, um Hannas Auftrag zu erledigen: Er soll ihre Ersparnisse von 7000 Mark der Tochter bringen, die mit ihrer Mutter den Brand in der Kirche während des Todesmarsches überlebt hat. Damit beteiligt er sich an Hannas Sühne.

4. PHASE:

DER ENTWICKLUNGSROMAN

Der Klasse wird folgende Definition des Entwicklungsromans vorgelesen:

*Im Entwicklungsroman werden die innere und äußere Entwicklung eines Menschen,
der Reifeprozess seiner Persönlichkeit in ständiger Auseinandersetzung mit den
Einflüssen seiner Umwelt bis hin zu einer Stufe der Vollkommenheit erzählt, in
der sich das Persönlichkeitsideal des Dichters oder seiner Zeit spiegelt.*
(LEICHT ABGEÄNDERT NACH: BEST, OTTO F.: HANDBUCH LITERARISCHER FACHBEGRIFFE. FRANKFURT 1972)

Die Schüler werden aufgefordert, die Tauglichkeit dieser Gattungsdefinition in Bezug auf Bernhard Schlinks „Der Vorleser" zu überprüfen. Einerseits spiegelt sich in der Entwicklung von Michael Berg und Hanna Schmitz letztlich ein humanistisch-aufklärerisches Bildungsideal wider. Auch lässt sich das Leben des Ich-Erzählers chronologisch in wesentlichen Stationen des Entwicklungsromans (Jugend – Entwicklung zum Erwachsenen – Reifung bzw. Konsolidierung des Lebens) verfolgen. Andererseits dürfte aber vor allem der zweite Teil der Definition eine Übertragung auf den Roman schwierig machen, da Michael seiner eigenen Entwicklung bis zum Schluss hin kritisch gegenübersteht.

23. Stunde

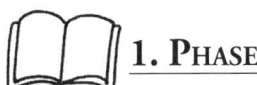

1. Phase:
Kapitelanfänge

Die Schüler werden zu Beginn der Stunde aufgefordert, wahllos einige Kapitelanfänge des Romans zu lesen. Alternativ dazu könnte man auch eine Folie mit Kapitelanfängen auflegen. Welches Verfahren auch gewählt wird, die Schüler werden sofort bemerken, dass viele Anfangssätze von Kapiteln wie Überschriften für das betreffende Kapitel formuliert sind, da sie den folgenden Inhalt in knapper Form komprimierend ankündigen. Damit – so wird erarbeitet – versteht es der Autor, den Leser ‚bei der Stange zu halten', ihn vor vielen Kapiteln wieder neu zum Weiterlesen anzuhalten, indem er Spannung auf den Kapitelinhalt weckt. Liest man die oben zitierten Kapitelanfänge in einem Zug durch, erhält man fast schon eine Art Inhaltsangabe des gesamten Romans.

2. Phase:
Wiederholung des Romaninhalts durch Ergänzung der Kapitelanfänge

Eine reizvolle und eine immanente Wiederholung der Handlung ermöglichende Aufgabe ist es, im Anschluss an diese Phase von den Schülern in Gruppenarbeit zu jedem Kapitelanfangssatz einen weiteren Satz formulieren zu lassen, in dem dieser näher erläutert wird. Das heißt, es sollen Fragen wie
- Welche Folge hatte die Gelbsucht für Michael?
- Was geschah in Hannas Wohnung?
- Inwiefern hat Michael Hanna verraten?
- Warum war Hanna im Gerichtssaal? etc.

beantwortet werden. Die dadurch entstehenden Texte fassen den Romaninhalt recht vollständig und komprimiert zusammen.

3. Phase: AB 4
Aufbau des Romans

Die beiden ersten Phasen der Stunde, die im Wesentlichen inhaltliche Momente des Romans zum Thema hatten, stellen eine gute Vorbereitung auf die Auseinandersetzung mit dem Aufbau von Bernhard Schlinks „Der Vorleser" dar. Die Schüler werden auf die Frage, wie der Roman aufgebaut sei, sofort die äußere Einteilung in drei große Teile zu je 17 (Teil 1 und 2) bzw. 12 Kapiteln (Teil 3) anführen. Auch dass damit eine thematisch-inhaltliche Dreiteilung verknüpft ist, werden sie erkennen: Es geht zunächst um eine ungewöhnliche Liebesbeziehung, dann um die Aufarbeitung der deutschen Vergangenheit des Dritten Reichs und schließlich um das Problem des Analphabetismus. Allerdings – so muss im Unterrichtsgespräch eingeschränkt werden – wird das dritte Thema (Analphabetismus) bereits ab dem 10. Kapitel des 2. Teils relevant für den Fortgang der Handlung, während das zweite Thema (deutsche Vergangenheit) auch noch im 3. Teil eine sehr große Rolle spielt.

Jeder Teil des Romans hat eine Entsprechung in einer Lebensphase Michaels, wobei der 2. Teil sich sehr stark auf die Vergangenheit Hannas in den Jahren 1943–45 ausweitet. Als auffallend sollte auch im Unterrichtsgespräch festgestellt werden, dass jeder der drei Teile einem dominierenden Handlungsort zugeordnet ist: Hannas Wohnung in der Bahnhofstraße (Teil 1), das Gerichtsgebäude (Teil 2), das Gefängnis (Teil 3).

Nun erhalten die Schüler ein Arbeitsblatt (**Arbeitsblatt 4**), dessen drei sich überschneidende Kreise die drei Themen des Romans repräsentieren. Drei sich überlappende Segmente stehen für die inhaltlichen Gemeinsamkeiten zwischen dem 1. und 2., dem 2. und 3. sowie dem 1. und 3. Teil des Romans. Das vierte Segment, das durch Überschneidung aller drei Kreise gebildet wird, soll Handlungen enthalten, in denen sich alle drei Themen treffen. Aufgabe der Schüler ist es, in Gruppenarbeit nach Handlungen zu suchen, in denen sich zwei der behandelten großen Themenbereiche überschneiden, wobei jede Gruppe sich nur mit Überschneidungen von jeweils zwei Themen beschäftigen soll.

Folgende Ergebnisse werden erwartet und auf **Arbeitsblatt 4** festgehalten:
Handlungen, welche die Liebesgeschichte und Hannas dunkle Vergangenheit betreffen:
  – Hanna schlägt Michael mit dem Gürtel.
  – Hanna legt großen Wert auf Pflichterfüllung.
  – Hanna erzählt Michael nichts über ihr Vorleben.
Handlungen, welche die Liebesgeschichte und Hannas Analphabetismus betreffen:
  – Hanna lässt sich von Michael vorlesen.
  – Michael bestimmt den Verlauf der Radtour.
  – Hanna kann Michaels Zettel nicht lesen.
  – Hanna steht ehrfürchtig vor dem Bücherregal von Michaels Vater.
Handlungen, welche Hannas dunkle Vergangenheit und ihren Analphabetismus betreffen:
  – Hanna nimmt Arbeit in KZ an.
  – Hanna lässt sich von weiblichen Häftlingen vorlesen.
  – Hanna gibt aus Scham zu, belastenden Bericht gelesen zu haben.
  – Hanna liest im Gefängnis Bücher über das Dritte Reich.

Den Schülern sollte bei der Auswertung und Eintragung ihrer Ergebnisse auch auffallen, dass viele der genannten inhaltlichen Überschneidungen Krisen in der Beziehung zwischen Hanna und Michael (Schlagen mit Gürtel, Michaels fehlendes Wissen über Hanna, Streit um Michaels Zettel) bzw. einen negativen Verlauf von Hannas Leben (härteres Urteil, lange Haftstrafe) herbeiführen.

Abschließend wird die Frage gestellt, in welcher Handlung sich denn alle drei Themen des Romans treffen. Zweifellos muss die Tatsache genannt werden, dass Hanna, die sich schon im KZ von weiblichen Häftlingen vorlesen ließ, später ihren jugendlichen Liebhaber Michael als Vorleser benutzt. Außerdem steht Michaels Konflikt im Gericht (er überlegt, ob er Hannas Analphabetismus als entlastendes Element verraten soll) mit allen drei Themen in Verbindung. Damit ist auch der Titel des Romans gerechtfertigt, denn in ihm vereinigen sich seine drei zentralen Themen. Das **Arbeitsblatt 4** wird entsprechend vervollständigt.

4. Phase:
Funktionen von Literatur

Die zu Beginn der Unterrichtseinheit gestellte Frage nach den Funktionen bzw. dem Nutzen von Literatur (vgl. 1./2. Stunde) soll nun ganz am Ende der Unterrichtseinheit nochmals aufgegriffen werden, indem die Schüler die gefundenen Aspekte (vgl. Protokoll des Mitschülers) an Bernhard Schlinks Roman konkret nachzuweisen versuchen. Hierzu sollen sie vor allem Textstellen aus dem Buch als Belege für unterschiedliche Aufgaben von Literatur nennen können. Folgende Antworten sind möglich:
  – Wie sehr ein Leser sich mit den Figuren eines literarischen Werks identifizieren und wie sehr er von einer spannenden Handlung eingenommen werden kann, zeigt Hannas Reaktion, als ihr Michael aus „Emilia Galotti" vorliest: „Ihr Lachen, ihr verächtliches Schnauben und ihre empörten oder beifälligen Ausrufe ließen keinen Zweifel, daß sie der Handlung gespannt folgte und dass sie Emilia wie Luise für dumme Gören hielt. Die Ungeduld, mit der sie mich manchmal bat weiterzulesen, kam aus der Hoffnung, die Torheit müsse sich endlich legen." (S. 43).

- Michaels Lieblingslektüre ist die „Odyssee", welche er teilweise auf die eigene Lebensrealität überträgt: „Nausikaa, den Unsterblichen an Wuchs und Aussehen gleichend, jungfräulich und weißarmig – sollte ich mir dabei Hanna oder Sophie vorstellen? Es mußte eine von beiden sein." (S. 66).
- Beim Lesen von Hannas Kommentaren auf die Werke, welche ihr Michael auf Kassetten gelesen hat, merkt dieser, wie aktuell auch ältere Literatur sein kann: „Da sie über die Autoren nichts wußte, setzte sie sie als Zeitgenossen voraus, solange es sich nicht eindeutig verbot. Ich war verblüfft, wie viel ältere Literatur sich in der Tat lesen lässt, als sei sie heutig, und wer nichts über Geschichte weiß, kann erst recht in den Lebensumständen früherer Zeiten einfach die Lebensumstände ferner Gegenden sehen." (S. 179).
- Als Michael Hanna aus „Krieg und Frieden" vorliest, betrat sie deren „Welt, wie man staunend eine ferne Reise tut oder ein Schloß betritt, in das man eingelassen ist, in dem man verweilen darf, mit dem man vertraut wird, ohne doch die Scheu je völlig zu verlieren. […] Wir taten die ferne Reise gemeinsam." (S. 68).
- Michaels extensive Beschäftigung mit Literatur (z.T. als „Vorleser") regt ihn an, eigene Texte zu verfassen. Dies beginnt mit einfachen Gedichten (vgl. S. 57) bis hin zum Schreiben längerer Texte (vgl. S. 176) bzw. seiner Geschichte als Roman (vgl. S. 206).
- Dass man durch das Lesen von Büchern eigene Probleme bewältigen kann bzw. will, beweisen sowohl Hanna, welche sich intensiv mit Werken über den Nationalsozialismus beschäftigt (vgl. S. 193), als auch Michael: „Vielleicht habe ich unsere Geschichte doch geschrieben, weil ich sie loswerden will, auch wenn ich es nicht kann." (S. 206).

Während die genannten und weitere möglicherweise von der Klasse angeführte Textstellen sekundäre Belege für die Funktionen von Literatur sind (also Belege, in denen über den Nutzen von Literatur geschrieben, gesprochen oder auch nur nachgedacht wird), kann im Folgenden oder auch gleichzeitig bei der Behandlung der oben gestellte Aufgabe darüber geredet werden, inwiefern der gelesene Roman selbst primär als Beispiel für die unterschiedlichen Funktionen von Literatur herhalten kann. Die Schüler werden unter anderem anführen,
- dass sie sich mit den Personen (insbesondere wohl aber mit dem Erzähler) identifizieren konnten,
- dass sie den Roman gespannt gelesen haben,
- dass sich einige Handlungen und Thematiken (z.B. Michaels Pubertätsprobleme oder seine Probleme mit den Eltern) durchaus auf die eigene Lebensrealität übertragen lassen,
- dass sie über den Nationalsozialismus und die Nachkriegszeit (also über vergangene Zeiten) Neues erfahren haben,
- dass sie zum Schreiben eigener Texte angeregt wurden (vgl. 16./17. Stunde, 5. Phase).

Damit wurde nicht nur die in der ersten Stunde gestellte Frage aufgegriffen und somit die Unterrichtseinheit sinnvoll abgerundet, sondern auch die Beschäftigung mit Literatur im Unterricht im Nachhinein und im Vorausblick auf die künftige Behandlung weiterer literarischer Werke gerechtfertigt.

24. Stunde

 **Einstieg:**

Lehrervortrag zum Film von Stephen Daldry

Zunächst erhalten die Schüler einige Informationen zur Verfilmung von Bernhard Schlinks Roman: Dass es der Stoff überhaupt bis Hollywood geschafft hat, ist wohl nicht zuletzt Oprah Winfrey zu verdanken, die den Roman in ihrer TV-Sendung vorstellte und zu einem erstaunlichen kommerziellen Erfolg in den USA verhalf. Als erster deutscher Roman kletterte er 1997 bis auf Platz eins der Bestsellerliste der *New York Times*.

Der Film (Produzenten: Anthony Minghella und Sydney Pollack), der mit einem Budget von 40 Millionen Dollar in den USA und Deutschland unter der Regie von Stephen Daldry gedreht wurde und dessen Drehbuch aus der Hand von David Hare stammt, kam am Ende Februar 2009 in die deutschen Kinos. In den Hauptrollen sind Kate Winslet (Hanna Schmitz), David Kross und Ralph Fiennes (Michael als Jugendlicher und Erwachsener), Bruno Ganz (Professor), Hannah Herzsprung (Julia), Matthias Habich (Richter) und Claudia Michelsen (Gertrude) zu sehen.

Dem eventuell erhobenen Einwand, warum Bernhard Schlink die Rechte an seinem Roman nicht an einen deutschen Produzenten verkauft hat, kann mit einem Hinweis auf die Intention des Romans begegnet werden: Die Frage nach der Schuld an den Verbrechen des Nationalsozialismus ist weit mehr als ein deutsches Problem und von internationalem Interesse. Filme aus Hollywood erreichen nahezu alle Länder der Erde, während deutsche Filme weitgehend auf ein bundesrepublikanisches, bestenfalls europäisches Publikum beschränkt bleiben.

1. Phase:

Unterrichtsgespräch über Erwartungen an den Film und Probleme der filmischen Umsetzung des Romans

Vor dem Betrachten sollen die Schüler ihre Erwartungen an den Film äußern und dabei auch Probleme nennen, die bei der Umsetzung des Romans in bewegte Bilder auftauchen könnten. Folgende ästhetisch-künstlerische und praktische Aspekte werden vermutlich unter anderem angesprochen werden:

Problem P 1:
Wie kann die festgestellte Spannung zwischen dem erlebenden und erzählenden Ich (vgl. 18. Stunde) im Film vermittelt werden?

Problem P 2:
Wie kann ein Film, der naturgemäß und überwiegend eher konkrete Handlungen zeigt, die zahlreichen abstrakten Reflexionen Michaels im Roman wiedergeben?

Problem P 3:
Wie können der Reifeprozess Michael Bergs, der im Wesentlichen durch die Begegnung mit Hanna und später durch sein Studium sowie die Beschäftigung mit dem Holocaust ausgelöst wird, sowie sein Älterwerden deutlich gemacht werden?

Problem P 4:
Wie kann verhindert werden, dass die Zuschauer – bedingt durch die Besetzung der weiblichen Hauptrolle mit einer attraktiven und beim Publikum beliebten Schauspielerin – zu viel Sympathie für die KZ-Wärterin Hanna Schmitz entwickeln?

Problem P 5:
Wie kann verhindert werden, dass Michaels Vorlesen bzw. späteres Besprechen von Kassetten im Film zu langweiligen Szenen führen?

Problem P 6:
Wie können die Träume Michaels und die Bilder, die er im Kopf von Hanna behält, einen filmischen Ausdruck erhalten?

2. Phase:
Sammeln von Lösungsvorschlägen

Im Unterrichtsgespräch werden anschließend Lösungsvorschläge für die Probleme gesammelt. Folgende Beiträge aus der Klasse sind denkbar:

Zu P 1 bis 3:
Das erzählende Ich Michaels könnte durch einen an der Schreibmaschine oder am Computer sitzenden und den Roman schreibenden älteren Schauspieler dargestellt werden. Die Reflexionen und kritischen Kommentare des erzählenden Ichs könnten durch Großaufnahme der entsprechenden gerade getippten Sätze oder durch eine Erzählerstimme aus dem Off (*Voice Over*-Technik) vermittelt werden. Die (auch sexuelle) Reifung, die Michael noch als Jugendlicher durchmacht, muss schauspielerisch (größeres Selbstbewusstsein, elegantere Bewegungen), eventuell auch durch die Maske (reifere Ausstrahlung im Gesicht, andere Frisur) dargestellt werden.

Zu P 4:
Hannas Vergehen als KZ-Aufseherin müssen eventuell durch Rückblenden und abstoßende Szenen mit jüdischen Häftlingen (eventuell in Schwarz-Weiß gedreht) deutlich gemacht werden. Ihre Gesichtszüge müssen durch die Maske so verändert werden, dass die Attraktivität der Person stark reduziert wird.

Zu P 5 und 6:
Die Szenen, in denen Michael vorliest, dürfen nicht sehr lange sein. Eventuell werden auch nur die Buchtitel gezeigt.
Die Träume können durch „Verschwimmen des Bildes" oder starke Weichzeichnung im Film deutlich gemacht werden. Die Bilder, die Michael von Hanna im Kopf trägt, lassen sich durch die *Freeze*-Technik (Einfrieren von bewegten Szenen zu Standbildern) darstellen.

25.–27. Stunde

1. Phase:
Verteilung von Beobachtungsaufgaben

Je ein Schüler soll beim Betrachten des Films darauf achten, wie die jeweilige Problematik (P 1 bis 6) im Film tatsächlich gelöst wurde bzw. ob die gesammelten Vorschläge mit den Ideen des Drehbuchautors bzw. des Regisseurs übereinstimmen. Die anderen Schüler der Klasse wählen eine der folgenden Aufgaben:

A 1:   Hinter welchen Szenen oder Details des ersten Teils des Films (bis zum Verschwinden Hannas) verbergen sich symbolische Aussagen oder Hinweise?

A 2:   Hinter welchen Szenen oder Details des zweiten Teils verbergen sich symbolische Aussagen oder Hinweise?

A 3:   Welche an verschiedenen Orten spielenden Handlungsstränge des ersten Teils (bis zum Verschwinden Hannas) werden in einem schnellen perspektivischen Wechsel (Parallel- oder Simultanmontage, englisch *cross cutting*) wiedergegeben? Was soll dadurch dem Betrachter vermittelt werden?

A 4:   Welche an verschiedenen Orten spielenden Handlungsstränge des zweiten Teils werden in einem schnellen perspektivischen Wechsel (Parallel- oder Simultanmontage, englisch *cross cutting*) wiedergegeben? Was soll dadurch dem Betrachter vermittelt werden?

A 5:   Was, außer den Gesichtern von Personen, wird im ersten Teil des Films in Groß- oder sogar Detailaufnahme gezeigt? Aus welchem Grund?

A 6:   Was, außer den Gesichtern von Personen, wird im zweiten Teil des Films in Groß- oder sogar Detailaufnahme gezeigt? Aus welchem Grund?

A 7:   Wie werden Michael und Hanna im ersten Teil (bis zum Verschwinden Hannas) ins Bild gesetzt? Achten Sie besonders darauf, wer im Vorder- und Hintergrund zu sehen ist und ob beide oder nur einer der beiden zu sehen sind (*Kadrierung*).

A 8:   Wie werden Michael und Hanna im ersten Teil (bis zum Verschwinden Hannas) ins Bild gesetzt? Achten Sie besonders auf Darstellungen aus der Vogel- und Froschperspektive.

A 9:   Wie werden Hanna und Michael im zweiten Teil ins Bild gesetzt? Achten Sie besonders darauf, wer im Vorder- und Hintergrund zu sehen ist und ob beide oder nur einer der beiden zu sehen sind (*Kadrierung*).

A 10: Wie werden Hanna und Michael im zweiten Teil ins Bild gesetzt? Achten Sie besonders auf Darstellungen aus der Vogel- und Froschperspektive.

A 11: Welche Szenen des ersten Teils des Films wurden mit Musik unterlegt? Was wird damit bezweckt?

A 12: Welche Szenen des zweiten Teils des Films wurden mit Musik unterlegt? Was wird damit bezweckt?

A 13: Welche Passagen und Figuren des ersten Teils des Romans fehlen in der Verfilmung? Ist dies begründet? Gehen dadurch wesentliche Aussagen verloren?

A 14: Welche Passagen und Figuren des zweiten Teils des Romans fehlen in der Verfilmung? Ist dies begründet? Gehen dadurch wesentliche Aussagen verloren?

A 15: Welche Passagen und Figuren des dritten Teils des Romans fehlen in der Verfilmung? Ist dies begründet? Gehen dadurch wesentliche Aussagen verloren?

A 16: Welche Szenen und Figuren des ersten Teils des Films findet man nicht oder kaum im Buch? Was wird durch diese Erweiterungen bezweckt?

A 17: Welche Szenen und Figuren des zweiten Teils des Films findet man nicht oder kaum im Buch? Was wird durch diese Erweiterungen bezweckt?

Auf diese Weise können maximal 23 verschiedene Beobachtungsaufgaben vergeben werden. Sind mehr Schüler in der Klasse, müssen einige Aufgaben doppelt vergeben werden. Bei einer geringeren Zahl von Schülern lassen sich einige Aufgaben leicht zusammenfassen (A 1 und 2, A 3 und 4, A 5 und 6, A 7 und 8 bzw. A 7 und 9, A 8 und 10 bzw. A 9 und 10, A 11 und 12, A 13 bis 15, A 16 und 17).

2. Phase:
Betrachten des Films

Die Klasse betrachtet den 120 Minuten (fast 3 Unterrichtsstunden) dauernden Film gemeinsam, wobei sich jeder Schüler zu seiner speziellen Aufgabe Notizen macht.

28. Stunde

1. Phase:
Besprechung der Beobachtungsaufgaben in Gruppenarbeit

Nach dem Betrachten des Films werden aus den Schülern, die sich mit einem der genannten Probleme (P 1–6, s. 24. Stunde) oder einer der angeführten Beobachtungsaufgaben (A 1–17, 25.–27. Stunde) beschäftigt haben, folgende Gruppen gebildet:

Gruppe 1:   P 1, P 2, A 16, A 17
Gruppe 2:   P 6, A 13, A 14, A 15
Gruppe 3:   P 3, A 1, A 2, A 5, A 6
Gruppe 4:   P 5, A 3, A 4, A 11, A 12
Gruppe 5:   P 4, A 7, A 8, A 9, A 10

Innerhalb der Gruppe diskutieren die Schüler über die Ergebnisse ihrer Beobachtungsaufgaben (Dauer: ca. 20 Minuten). Jeweils ein Schüler jeder Gruppe stellt die wichtigsten Erkenntnisse sowie die dazu passenden Filmbeispiele im Plenum vor (Dauer: ca. 5 Minuten für jede Präsentation).
Im Folgenden werden nicht alle möglichen Erkenntnisse bzw. Filmbeispiele angeführt. Die Zusammenstellung beschränkt sich auf einige wichtige Aspekte und Beispiele.

Gruppe 1:
Gleich zu Beginn der im Jahre 1995 einsetzenden Filmhandlung taucht kurz eine Lebensgefährtin des 52-jährigen Michael Berg auf, von der im Buch nichts erwähnt wird. Wichtiger für die Struktur des Films ist aber die Figur Michaels Tochter Julia, die im Buch nur ganz beiläufig erwähnt wird (vgl. S. 164 f.), aber im Film eine wichtige Rolle spielt und dort als kleines Mädchen sowie gegen Ende als erwachsen gewordene junge Frau auftaucht. Michael Berg fasst zu Beginn der Filmhandlung den Entschluss, seine Tochter zu besuchen, um ihr seine Geschichte mit Hanna von Beginn an zu erzählen. In der letzten Szene des Films sieht man, wie beide den Friedhof, auf dem sich Hannas Grab befindet, verlassen, und Michael seine Geschichte zu erzählen beginnt. Die Erinnerungen des erwachsenen Michael Berg, der auf dem Weg zu Julia ist, bilden den Rahmen, in den die anfangs längeren (zurück ins Jahr 1958), dann kürzer werdenden (1966, 1976, 1980 und 1988) Rückblenden eingebettet sind. Kritisch muss angemerkt werden, dass durch diese Struktur die im Roman so wichtigen Reflexionen des erzählenden Ichs im Film nicht vermittelt werden, da dort der erwachsene Michael Berg größtenteils stumm agiert und seine – oft gequält wirkende Mimik – wenig Rückschlüsse auf seine Gedanken zulässt. Eine vielleicht von den Schülern entwickelte geeignetere Alternative zur Wiedergabe der Spannung zwischen dem erzählenden und erlebenden Ich hätte darin bestehen können, zu Beginn und dann immer wieder Szenen in den Film einzustreuen, in denen man den erwachsenen Michael Berg an einer Schreibmaschine oder einem Computer sitzen sieht, wobei bestimmte kommentierende Sätze oder Reflexionen in Großaufnahme auf dem Schreibmaschinenpapier bzw. dem Computerbildschirm erscheinen oder von ihm in einem Selbstgespräch geäußert werden könnten. Eine andere Möglichkeit wäre, den Film immer wieder durch die Kommentare und Überlegungen des erzählenden, aber unsichtbaren erwachsenen Michael Berg als sogenannte *Voice-Over*-Stimme zu unterlegen.
Als Vorteil des tatsächlich im Film gewählten Mittels kann angeführt werden, dass der Aufgabe, auch den nachfolgenden Generationen von der dunklen Vergangenheit des nationalsozialistischen Deutschland zu berichten, dadurch Ausdruck verliehen wird.
Weitere, im Roman nicht vorkommende Sequenzen des Films sind Hannas und Michaels Besuch in einer Kirche, in der gerade ein Kinderchor probt, und Michaels erneutes Aufsuchen dieser Kirche (auf deren Kirchhof sich Hannas Grab befindet) mit seiner Tochter Julia gegen Ende des Films. Hannas in

Großaufnahme zu sehendes, teilweise gequält wirkendes Gesicht könnte darauf hinweisen, dass sie sich daran erinnert, wie sie mehrere Hundert weibliche KZ-Häftlinge während des Todesmarsches in einer von Bomben getroffenen Kirche hat verbrennen lassen, und dies nun im Nachhinein bereut. Dass ihr Grab, das im Roman nicht erwähnt wird, sich neben der Kirche befindet, verstärkt diese Deutung noch.

Die im Film recht ausführlich gezeigten Diskussionen über die Schuldfrage der an den Verbrechen des Nationalsozialismus beteiligten Personen, welche die Studenten des Seminars im Hörsaal und im Zugabteil führen, werden im Roman lediglich in Form von Reflexionen des Ich-Erzählers angedeutet (vgl. S. 86 ff., 99 f.). Der Film hat wenigstens in diesem Bereich einen adäquaten Ersatz für die schwer darzustellenden kommentierenden Einschübe des erzählenden Ichs gefunden.

Das Gespräch Michaels mit dem Rechtsprofessor, der im Film eine größere Rolle einnimmt als im Buch, über Hannas Analphabetismus stellt eine Erfindung des Drehbuchautors bzw. Regisseurs dar. Im Roman kommen lediglich schnell verworfene Überlegungen Michaels, ein solches Gespräch zu führen (vgl. S. 132), und ein Gespräch mit dem Richter, bei dem Michael aber nicht den Mut aufbringt, die Wahrheit über Hanna zu sagen (vgl. S. 153 f.), vor.

Gruppe 2:

Die Träume Michaels und die Bilder, die ihm von Hanna im Gedächtnis bleiben, wurden filmisch nicht umgesetzt, was aber leicht möglich gewesen wäre (vgl. 24. Stunde). Dadurch wird im Film nicht so deutlich wie im Buch, dass die Erlebnisse mit Hanna den jugendlichen, aber auch den späteren erwachsenen Michael Berg immer wieder sehr beschäftigen.

Die Episode während der Radtour, als Hanna Michael mit einem Gürtel schlägt, fehlt im Film. Ein schwacher Ersatz dafür ist die Ohrfeige, die Michael im Film beim letzten Streit mit Hanna (nach dem Besuch des Schwimmbads) von dieser erhält. Dadurch fehlt eine Andeutung von Hannas früherer menschenverachtender Tätigkeit im KZ in der Beziehung zu Michael. Außerdem erscheint Hanna insgesamt sympathischer als im Roman.

Der Film verzichtet auch auf Hannas kurzen Besuch im Hause der Bergs, insbesondere auf die Szene, in der sie mit den Fingern über Bücher in deren Regal streicht. Diese Episode wäre wünschenswert gewesen, um einerseits die soziale Distanz zwischen Hanna und Michaels bürgerlichem Elternhaus zu verdeutlichen und um andererseits eine leichte Andeutung auf Hannas Analphabetismus zu geben.

Michaels Gespräch mit dem Mercedes-Fahrer auf seiner Fahrt zum Konzentrationslager fehlen ebenso wie sein dortiger zweiter Besuch.

Die Heirat mit Gertrud fehlt zwar im Film, wird aber in einem Gespräch Michaels mit seiner Mutter durch den Hinweis auf die Scheidung von Gertrud indirekt vorausgesetzt.

Bedauerlich ist, dass Hannas lesende Aufarbeitung des Holocaust im Gefängnis in der Verfilmung gänzlich fehlt. Folglich wird auch die im Roman damit in Zusammenhang gebrachte körperliche Vernachlässigung Hannas im Film nicht sichtbar. Lediglich der Alterungsprozess wird durch das blasse Make-up (vor allem der Lippen) und das dünner werdende Haar stark betont.

Gruppe 3:

Die Alterung Michael Bergs wird durch die Verteilung der Rolle auf zwei Schauspieler gelöst.

Das gleich zu Beginn des Films auf dem Frühstückstisch in Großaufnahme zu sehende Ei symbolisiert die geordnete bürgerliche Welt des erwachsenen Michael Berg, von der sich später in der ersten langen Rückblende seine im Verborgenen gebliebene sexuelle Beziehung als junger Mensch zu einer wesentlich älteren Frau abheben wird. Die Großaufnahme des Büstenhalters, den Hanna bügelt, kündigt symbolisch bereits früh die kommende Affäre an. Die mit Hakenkreuzen und dem Kopf Adolf Hitlers versehenen Briefmarken, die Michael während seiner Krankheit im Bett sortiert, sind ein hintergründiger Vorausblick auf seine moralische Verstrickung in den Holocaust, zumal er in einer späteren Szenen seine Sammlung verkaufen wird, um die Radtour mit Hanna zu finanzieren. Möglicherweise ist auch die mit vielen Sternen versehene Eingangstür von Hannas Wohnung als versteckter symbolischer Hinweis auf die Tötung vieler jüdischer KZ-Insassen zu sehen.

Michaels durch die Begegnung mit Hanna ausgelöster Reifungsprozess wird im Film neben den vermuteten Mitteln der Maske (Gesichtsausdruck, Frisur) auch durch das symbolisch zu verstehende, an eine Art Taufe erinnernde Abtauchen Michaels in der Badewanne ausgedrückt. Aber auch die im Wechsel mit Bettszenen zwischen Michael und Hanna zu sehenden Detailaufnahmen der Münder essender Familienmitglieder Michaels zeigen, wie sehr sich Michael vom Elternhaus, in dem viel zu wenig gesprochen wird, abgekapselt hat, wie sehr seine häusliche Welt von seinen geheimen Besuchen bei Hanna getrennt ist. Sein gesteigertes Selbstbewusstsein äußert sich in einer kurzen Szene deutlich, die ihn im Sportunterricht als erfolgreichen Handballer zeigt. Dass Michael aus dem Bildungsbürgertum kommt, wird unter anderem durch den groß im Bild sichtbaren Schriftzug des Namens „Goethe" oder des Titels „Odyssee" auf der Schultafel deutlich. Auffallend oft steht oder sitzt er vor Bücherregalen. Hierzu gehört auch, dass immer wieder Buchdeckel oder Buchseiten und Tagebucheinträge oder Gedichte von Michael in Großaufnahme zu sehen sind. Sehr groß wird (später sogar in einer Wiederholung, als Michael im Gericht bewusst wird, dass Hanna nicht lesen und schreiben kann) auch das Buch ins Bild gerückt, das Hanna wegschiebt, als Michael es ihr reicht.

Michaels Fuß im Badesee gehört zur Wassermetaphorik, die für das Sexuelle steht. Auffallend ist die Großaufnahme von Michaels Hand am Stacheldrahtzaun des Konzentrationslagers. Sie symbolisiert sowohl seinen Wunsch, sich einen Zugang zu dieser ihm bisher verborgenen Seite Hannas zu verschaffen, als auch den Schmerz, der ihm durch diese Enthüllung von Hannas Vergangenheit bereitet. Der Stift und das leer bleibende Stück Papier auf Hannas Tisch vor Gericht betonen ihren Analphabetismus sehr deutlich. Das später groß zu sehende Einkreisen von Wörtern zeigt ihre Bemühungen, sich das Lesen und Schreiben beizubringen, deren Ergebnis wiederum in der Großaufnahme ihres ersten Briefes an Michael ihren Niederschlag findet. Die häufig das ganze Bild einnehmenden Kassettenrekorder Michaels und Hannas sowie das Einlegen der leeren oder besprochenen Kassetten symbolisieren die Verbundenheit, die zwischen Michael und Hanna herrscht, aber auch ihre räumliche Trennung. Das große H, das Michael auf ein Stück Papier malt, während er am Telefon von Hannas bevorstehender Entlassung erfährt, hat er mit einem dicken Rahmen umgeben, der aber kennzeichnenderweise nach einer Seite hin offen ist. Sehr groß ist auch zu erkennen, wie Michael bei dem kurz darauf folgenden einzigen Besuch im Gefängnis am Kantinentisch seine Hand von Hannas Hand zurückzieht und dadurch ausdrückt, dass er sich emotional von ihr gelöst hat. Der Stapel Bücher, auf den Hanna steigt, um sich in ihrer Zelle zu erhängen, verweist symbolisch auf einen möglichen Grund für den Selbstmord: Indem sie sich das Lesen beigebracht hat, hat sie auch (eventuell durch die Lektüre der Holocaust-Literatur) Einsicht in ihre Schuld erhalten. Die groß zu sehenden Schuhe Hannas, die sie vor dem Freitod ausgezogen hat, erinnern an die Anhäufung der Tausenden von Schuhen ermordeter KZ-Insassen, an denen Michael bei seinem Besuch im KZ Struthof vorbeigelaufen ist. Die Blechdose, in der Hanna ihr Geld aufbewahrt hat und die Michael auf Hannas Wunsch hin nach New York zu einer Überlebenden des Holocaust bringt, ist häufig groß im Bild zu sehen. Die Großaufnahme des Familienfotos, neben das die Dose gestellt wird, zeigt vermutlich die im KZ umgekommenen Familienmitglieder der Überlebenden.

Gruppe 4:
Der Film verzichtet in der Tat gänzlich auf lange Passagen des Vorlesens und beschränkt sich auf die Wiedergabe ganz kurzer Sätze. Gleichzeitig werden oft Hannas emotionale Reaktionen (Weinen, Lachen) gezeigt, sodass hier nicht die vielleicht anfangs befürchtete Langeweile aufkommen kann. Das Aufnehmen und Abspielen der besprochenen Kassetten sowie deren Einpacken durch Michael und Auspacken bzw. Ablegen durch Hanna erfolgt in einem geschickten perspektivischen Wechsel (*cross cutting*), teilweise mit Überblendungen.

Folgende weitere solche Parallel- und Simultanmontagen weist der Film auf:
– Szenen, die Michael und Hanna beim Liebesspiel im Bett zeigen, wechseln mit Szenen am Esstisch der Bergs.
– Während Hanna ihren Auszug aus ihrer Wohnung vorbereitet und diese schließlich mit einem Koffer verlässt, ist Michael mit Freunden und einem Mädchen, das sich für ihn interessiert, am Badesee.

- Während Hanna auf den angekündigten Besuch Michaels wartet, verlässt dieser das Gefängnis.
- Während Michael am Morgen vor der Urteilsverkündung im Bett liegt, befindet sich Hanna in ihrer Zelle. Dann sieht man im Wechsel, wie sich beide eine Krawatte umbinden.

Die genannten Szenen, in denen Hanna allein zu sehen ist, sind neben den Szenen, die zeigen, wie Hanna nach dem ausgebliebenen Besuch Michaels in ihre Zelle zurückgeht oder wie sie kurz vor ihrer Entlassung ihren Selbstmord vorbereitet, die einzigen, in denen Michaels Perspektive im Film kurzzeitig verlassen wird. Ansonsten wird die Perspektive des Ich-Erzählers des Romans konsequent durchgehalten.

Vor allem die stark emotionalen Szenen werden durch die langsame, getragene von Alberto Iglesias komponierte Musik unterstützt. Einige Beispiele:
- Michael Berg erinnert sich an den Beginn seiner Beziehung zu Hanna, als er aus dem Fenster seiner Wohnung eine vorbeifahrende S-Bahn beobachtet (erste mit Musik unterlegte Szene des Films).
- Michael hat am Badesee kaum Kontakt zu Gleichaltrigen, sondern denkt an Hanna.
- Der weinende Michael bittet die in der Badewanne liegende Hanna um Vergebung.
- Michael fährt mit seiner Tochter Julia im Auto zur Kirche.
- Eine Zeugin zeigt im Gerichtssaal mit dem Finger auf Hanna und andere Angeklagte und beschuldigt sie, an der Selektion von KZ-Häftlingen beteiligt gewesen zu sein.
- Michael läuft im Konzentrationslager Struthof an einer riesigen Ansammlung von Schuhen der Opfer vorbei.
- Hanna wird zu lebenslanger Haft verurteilt.
- Michael verlässt den Gefängnishof, ohne Hanna besucht zu haben.
- Michael liegt mit Gertrud im Bett, denkt aber an Hanna.
- Michael bespricht und versendet Kassetten mit Literatur, welche Hanna in einen Rekorder einlegt, anhört und in ihr Regal einsortiert.
- Hanna schreibt im Gefängnis ihren ersten Brief an Michael.
- Michael sieht Hanna in der Gefängniskantine wieder.
- Hanna bereitet ihren Selbstmord vor.
- Michael übergibt Hannas Blechdose in New York der Mutter eines KZ-Opfers.

Auffallend ist, dass es sich vorwiegend um Szenen handelt, in denen Michael gedanklich sehr stark mit Hanna verbunden ist, während Szenen, in denen beide zusammen zu sehen sind, ohne Musikuntermalung bleiben.

Gruppe 5:

Zu Beginn des Films befinden sich Michael und Hanna kaum je gemeinsam im Bild. Von der Szene an, in der die nackte Hanna Michael nach seinem Bad ein Handtuch reicht, sind beide vorwiegend zusammen im Bild zu sehen. Dies gilt insbesondere für die häufigen Szenen, in denen sich beide im Bett lieben, in denen sie in der Badewanne sitzen oder in denen Michael Hanna vorliest. Auch während der Radtour sind die beiden Liebenden meist gemeinsam im Bild. Dies unterstreicht ihre Verbundenheit. Dagegen fällt in der Episode in der Straßenbahn auf, dass Michael und Hanna nicht gemeinsam, sondern abwechselnd zu sehen sind. Dies entspricht der später zum Streit führenden Tatsache, dass Michael nicht in den Waggon eingestiegen ist, in dem Hanna ihren Dienst verrichtet. Während der Gerichtsverhandlung sind Hanna und Michael nicht zusammen im Bild zu sehen. Mit einer Ausnahme, nämlich der Szene, in der sich Hanna und Michael an einem Tisch in der Gefängniskantine gegenüber sitzen (die aber so arrangiert ist, dass der Abstand zwischen beiden Protagonisten nicht größer ins Bild gesetzt werden könnte), ist dies auch im ganzen weiteren Verlauf des Films der Fall. Alles in allem macht der Film somit das jeweilige – teils körperlich sehr innige, teils gestörte – Verhältnis der beiden Hauptfiguren visuell sehr deutlich.

Wenn Hanna oder Michael alleine im Bild zu sehen sind, sieht dies der Zuschauer mitunter sehr deutlich aus der Perspektive des jeweils anderen. Einige Beispiele:
- Michael beobachtet Hanna durch einen Türspalt (Begrenzung des Blickfeldes durch Türrahmen) beim Ankleiden.
- Hanna beobachtet Michael hinter dem Badewannenvorhang (Begrenzung des Blickfelds durch den Vorhang) beim Entkleiden.
- Michael sieht Hanna die Treppe im Hausflur hochsteigen (Vogelperspektive).
- Hanna sieht Michael oben auf der Treppe (Froschperspektive).
- Hanna sieht Michaels Gesicht (extreme Froschperspektive) beim Vorlesen aus „Tim und Struppi".
- Michael sieht Hanna (z.T. nur in Rückenansicht, meist durch andere Zuschauer begrenztes Blickfeld oder Vogelperspektive) im Gericht.
- Michael (extreme Froschperspektive) liest Hannas Brief (extreme Vogelperspektive).
- Michael blickt beim Wiedersehen in der Gefängniskantine auf Hanna herab (Vogelperspektive).

Sehr kennzeichnend sind auch einige Szenen, in denen Hanna deutlich im Hintergrund bleibt, während Michael im Vordergrund zu sehen ist:
- Hanna (Hintergrund) überlässt es bei der Radtour Michael, die Landkarte (Vordergrund) zu studieren.
- Michael macht Notizen in sein Tagebuch (Vordergrund), während Hanna im Fluss badet (Hintergrund).

Als Illustrierung könnten Sie einige geeignete Szenenfotos der Verfilmung (zu finden zum Beispiel unter: http://outnow.ch/Movies/2008/Reader/Bilder oder www.spielfilm.de/galerie/kino/30070/dervorleser1) auf Folie ziehen und an die Wand projizieren.

Während der Film den Zuschauer durchaus nachvollziehen lässt, dass Michael während und nach dem Kriegsverbrecherprozess in einem emotionalen Dilemma steckt und letztlich keine Liebe mehr für Hanna empfinden kann, und damit dem Inhalt des Romans folgt, bleibt es dem „unbeteiligteren" Zuschauer, der sie quasi aus einer neutraleren Perspektive sieht, überlassen, sich selbst ein Urteil über diese Frau zu bilden, in deren Gedanken der Zuschauer nur schwer Einblicke erhält. Der Film stellt es dem Zuschauer frei, ob er Mitleid oder gar Sympathie mit einer Massenmörderin empfindet. Einige Szenen, die Hannas trauriges Gesicht in Großaufnahme zeigen oder in denen sie sich mühevoll das Lesen und Schreiben beibringt, legen solche Reaktionen des Publikums sogar relativ nahe. Dass der Film dadurch Hannas Schuld zu sehr in den Hintergrund rückt und die Geschichte in die Nähe einer unglücklich verlaufenden *Lovestory* abgleiten kann, muss kritisch angemerkt werden. Diese Sichtweise hätte durch filmische Rückblicke (eventuell in Schwarz-Weiß) auf Hannas Tätigkeiten als KZ-Wächterin verhindert oder zumindest abgemildert werden können.

Hausaufgabe:

Die Schüler schreiben eine Filmkritik für die Schülerzeitung. Darin sollen neben durchaus subjektiven, positiv wie negativ ausfallenden Stellungnahmen auch einige geeignete Ergebnisse der Gruppenarbeit eingearbeitet werden.

29. Stunde

 **1. Phase:**

Vorlesen und Besprechen der Filmkritiken

Einige Schüler lesen ihre Kritiken vor. Diese werden im Unterrichtsgespräch diskutiert. Abschließend kann der Lehrer die Kritik eines professionellen Filmkritikers aus einer Zeitung oder Zeitschrift vorlesen.

Text 1

NEUE LUST AM JUNGEN MANN

Report. Immer mehr Frauen entdecken die Lust am Altersunterschied und lieben einen Mann, der jünger ist.

[...] **Der Trend zum jungen Mann.** Mit der zunehmenden wirtschaftlichen Unabhängigkeit der Frauen hat sich auch die gesellschaftliche Akzeptanz solch ungleicher Verbindungen eingestellt. War es früher nur Männern gestattet, sich mit einer jüngeren Frau zu schmücken, sind heute längst auch Verbindungen von reifen Frauen mit jungen Männern enttabuisiert. [...] Psychotherapeutin Gerti Senger ortet gleich mehrere Gründe, die für die Beständigkeit solcher Verbindungen sprechen. „Reife Frauen sind heute selbstbewusster und agiler. Sie können aus einer größeren Bandbreite an Möglichkeiten wählen, sie führen ein bewegteres Leben. Und sie sehen auch deutlich jünger aus als früher." Hinzu kommt: „Eine Frau um die 40, die einen ausgeprägten sexuellen Anspruch hat, findet mit einem sexuell aktiven Mann um die 25 ein weit besseres Auslangen." Hinzu kommt: „Junge Männer haben das nachvollziehbare Bedürfnis, von einer reifen Frau in die Sexualität eingeführt zu werden." [...]

„Ich bin sehr froh, dass ich einen jüngeren Mann habe", grinst Eva, „denn der hält mich frisch." Max: „Und ich werde mit ihr schön langsam erwachsen." Profitiert haben beide. Max ist selbstbewusster im Auftreten geworden. „Ich habe von Eva gelernt, mich zur Wehr zu setzen." Eva ist toleranter geworden. „Ich fahre nicht mehr überall drüber wie eine Dampfwalze." [...]

Divergierende Lebensphasen. Ob Partnerschaften mit jüngeren Männern letztendlich auch halten, hat kaum etwas mit dem Altersunterschied an sich, sondern mit unterschiedlichen Lebensphasen zu tun. So vorteilhaft sich die hormonell gesteuerten Bedürfnisse auf altersunterschiedliche Beziehungen auswirken, so fatal können sie auch sein. In vielen Fällen zerbrechen Beziehungen, weil der jüngere Mann irgendwann doch Vater werden möchte. Wenn seine Partnerin schon Kinder hat und keine mehr bekommen will oder aber aufgrund ihres Alters biologisch nicht mehr schwanger werden kann, dann ist oftmals die Trennung der einzige Ausweg. So ist denn auch, wie Gerti Senger aus ihrer Arbeit mit Paaren weiß, „meist nicht das Älterwerden an sich der Grund für das Auseinandergehen, sondern die auseinander klaffenden Lebensbiografien". Ein Umstand, dessen sich etwa Gerda Schuller bewusst ist. „Ich bin schon zweifache Mutter und dreifache Großmutter. Wenn mein Partner eines Tages doch noch Kinder haben möchte, dann kann er sie schon aufgrund meines Alters nicht mit mir bekommen." [...] Gerda hat mit Männern verschiedener Generationen zusammengelebt. Ihre Erfahrung: „Männer meines Alters haben andere Wertvorstellungen als junge. Sie gehören einer Generation an, die die Emanzipation der Frau nicht akzeptiert. Junge Männer jedoch denken und leben selbstverständlich partnerschaftlich."

Karin Neumayr, Neue Lust am jungen Mann (Auszug)
In: Woman. S. 37–39.

Text 2

EINE STARKE VERBINDUNG

Sie ist deutlich älter als er – und sie ist glücklich. Warum immer mehr Frauen die Liebe mit einem jüngeren Mann genießen.

Wenn sich ein Mann und eine wesentlich ältere Frau ineinander verlieben, ticken beide nicht richtig. Aus Sicht der Evolutionsbiologen ist da einiges komplett schief gelaufen. Nach ihren Erkenntnissen drängt es die Herren der Schöpfung, sich zeitlebens mit jüngeren Frauen zu paaren, weil die hohe Fruchtbarkeit versprechen oder zumindest danach aussehen. Umgekehrt gibt das weibliche Geschlecht, scheinbar ebenfalls der Natur der Dinge folgend, einem mindestens drei bis acht Jahre älteren Partner den Vorzug. Bei ihm sind die Chancen größer, dass er über den Status und die Ressourcen verfügt, um den Nachwuchs sicher und sorglos aufzuziehen. Soviel zur biologischen Mission von Mann und Frau.

Fortpflanzungsstrategien sind eine einfache Sache. Beide Geschlechter folgen offenbar Gesetzen, die größer und älter sind als sie, um das Fortbestehen der Menschheit zu sichern. Nur manchmal kommt zwischen Mann und Frau ein weiteres Gesetz hinzu – das der Liebe. Das schert sich nicht um Status, Alter oder Rollenverteilungen. Es geht vielmehr um das Wichtigste überhaupt: den Menschen, der genau das ist, was man gesucht hat. Das Sensationelle dabei? Ist doch Folgendes: Was früher zum Skandal oder gar zur Ächtung führte, wird heute meist selbstverständlich ausgelebt – eine Beziehung, bei der nicht der Mann, sondern die Frau die deutlich ältere ist. [...]

Die Soziologin Ursula Richter vertritt die These, dass Frauen mit jüngeren Männern leichter eine gleichberechtigte Partnerschaft leben können. Richter hat in ihrem Buch „Wenn Frauen jüngere Männer lieben" Paare eingehend nach den Vor- und Nachteilen dieser Partnerschaft befragt. Richters Resümee: Meist geht der Entscheidung für diese Konstellation ein langjähriger Erfahrungsprozess voraus, bei dem ein gleichaltriger oder älterer Partner über die Frau und ihre Rolle im Leben zu bestimmen versuchte. Sie sollte sich keinesfalls zu einer beruflichen oder finanziellen Konkurrenz entwickeln, sondern nach althergebrachten Vorstellungen am heimischen Herd bleiben. „Bei gleichaltrigen Männern tritt oft das Gefühl der Rivalität ein. Sie haben Angst, dass sie eine erfolgreiche Frau verlieren könnten und reagieren darauf mit Abwertung oder Unterdrückung" sagt Esther Maué. [...]

Junge Männer haben kein Problem damit, eine Frau bei ihrer Karriere zu unterstützen, sie können sich entspannt von der Vorstellung verabschieden, den klassischen Versorgerpart übernehmen zu müssen. Sie sind selbstbewusst genug, gemeinsam mit ihrer Partnerin auszuhandeln, wer welche Aufgaben übernimmt – und nehmen sich souverän da zurück, wo die Frau mehr Platz beansprucht. Was ältere Frauen den jüngeren voraus haben sind Toleranz und Gelassenheit. Aus früheren Beziehungen haben sie gelernt, dass lieben auch loslassen heißt.

Auch erotisch gesehen ist die Lust der Männer auf reife Frauen kein Wunder. Frauen um die 40 sehen heutzutage dank Sport, Kosmetik und gesunder Ernährung oft besser aus als manche 25-Jährige. [...] Dabei ist es gerade die Reife und Ausstrahlung einer älteren Frau, die viele junge Männer in den Bann zieht. Davon müssen sie ihre Partnerin erst einmal gründlich überzeugen. [...]

Bei aller Liebe lässt sich der Alters- und Erfahrungsvorsprung aber wohl doch nie ganz beiseite schieben: „Irgendwann merkt man schon, dass einem der Dialog mit Gleichaltrigen fehlt", erinnert sich die Journalistin Tanja, die zwölf Jahre mit einem sieben Jahre jüngeren Mann liiert war. „Neben dem äußeren Alterungsprozess gibt es so viele andere Dinge, die einem mit dem Älterwerden im Kopf herumspuken. Zum Beispiel, dass man sich von bestimmten Träumen verabschieden muss, die ein 30-Jähriger noch hat. Darüber redet man lieber mit einer Freundin, weil man das Gefühl hat, seinem jungen Partner so viel erklären zu müssen." Trotzdem: Im Idealfall profitieren beide von den altersbedingten Stärken des anderen. Der jüngere Mann ist zwar anstrengend für eine erfahrenere Frau, weil er seinen Platz im Leben noch sucht. Aber auch anregend, weil sie ihren schon gefunden hat. Er reift durch ihre Lebenserfahrung, zwingt sie jedoch gleichzeitig durch seine jugendliche Unbekümmertheit, ihre Ansichten zu überdenken. Und nichts hält jünger und freier als das. [...]

Simi schätzt die Beziehung zu ihrem jüngeren Freund realistisch ein. Sie sieht genau, welche Bedürfnisse er nicht erfüllen kann: „Ich habe gemerkt, dass die starke Schulter nicht da ist, nach der ich mich früher gesehnt habe. Andererseits genieße ich es, dass ich die gestandene Frau sein kann und nicht das Mädchen zu spielen brauche. Ich weiß, Jens ist schrill und anstrengend. Aber ich liebe ihn und er liebt mich."

© *Jurate Baronas*

Text 3

DIE NEUE LIEBESFORMEL

ER IST JÜNGER, NA UND?

Erst belächelt, jetzt gesellschaftsfähig: Nicht nur Promi-Frauen verlieben sich in jüngere Männer. Das ist kein Zufall, sieben gute Gründe sprechen dafür.

[...] Keine Ex-Frau, keine Unterhaltsschecks, keine „Wochenend-Kinder" – jüngere Männer bringen weniger „Altlasten" aus früheren Beziehungen mit. Er hat noch wenig schlechte Erfahrungen gesammelt, hakt seine gescheiterten Beziehungen unter „Experiment" ab. Sie sind selten Anlass für echte Psychokrisen und verursachen deshalb auch keine lebenslangen Marotten.

Klar, ein junger Adonis an ihrer Seite zieht mehr Blicke auf sich als ein Typ mit Bierbauch. Außerdem ist er längst nicht so abgeklärt und findet selbst beim ödesten Pflichttermin etwas zum Grinsen. Wunderbarer Nebeneffekt: Meist färbt seine jugendliche Frische auf seine Partnerin ab. Böse Zungen sprechen deshalb gern von der „Anti-Aging-Droge". „Aus solchen Bemerkungen", sagt Psychologin Schoch, „spricht purer Neid! Es stimmt einfach, so ein Begleiter lässt auch die Frau an seiner Seite fitter wirken. Sie fühlt sich automatisch jugendlicher und verhält sich auch so. Das merkt man oft auch am Kleidungsstil."

Viele Frauen genießen ihre Lust und Sexualität erst ab Mitte dreißig so richtig – und finden's jedes Jahr schöner. Rein biologisch passt das perfekt zu einem Jüngeren. Denn Männer erreichen schon Mitte zwanzig den Gipfel ihrer Potenz. Danach geht die Produktion des männlichen Lusthormons Testosteron stetig zurück. [...]

Sie managen Haushalt, Kinder und/oder haben einen tollen Job? Sie wollen sich weder beschützen noch dominieren lassen? Gleichaltrige oder ältere Partner kommen mit einer starken Frau oft schlecht zurecht: Sie sprengt das eingefahrene Rollenverständnis älterer Männer. Ein junger Partner dagegen muss nicht zwingend alle Macht an sich reißen, er braucht sich – und anderen – nichts zu beweisen. Geht's mit ihm im Gespräch zur Sache, verträgt er durchaus deutliche Worte, ohne gleich in seiner Ehre gekränkt zu sein. [...]

„Spannend und wertvoll" – so empfinden jüngere Partner die Lebenserfahrung älterer Frauen. Mit anderen Worten: Er schätzt ihre Leistungen, ist nicht neidisch und bereit, den anderen um Rat zu fragen. Kurz: Er hat kein Problem, dass sie in manchen Bereichen die Kompetentere ist. Ihm gefällt es, dass sie Entscheidungen trifft, und er empfindet es nicht als Schwäche, sich in manchen Situationen „anzupassen". Sein Lebensweg lässt noch viele Möglichkeiten offen, da nutzt er gern ihr Wissen. Das Klischee vom „Ödipuskomplex", ein schwacher Mann suche nur die (mütterliche) Schulter zum Anlehnen, ist längst überholt. Das Gegenteil ist der Fall. Er demonstriert Selbstbewusstsein, indem er der ganzen Welt signalisiert: „Seht her, mir ist das Alter egal – ich liebe diese Frau."

Sibylle Royal, Die neue Liebesformel (Auszug)
In: Für Sie, Nr. 23/2002, S. 88–90 © seasons.agency

Text 4

StGB § 182 Sexueller Missbrauch von Jugendlichen

(1) Wer eine Person unter achtzehn Jahren dadurch missbraucht, dass er unter Ausnutzung einer Zwangslage
1. sexuelle Handlungen an ihr vornimmt oder an sich von ihr vornehmen lässt oder
2. diese dazu bestimmt, sexuelle Handlungen an einem Dritten vorzunehmen oder von einem Dritten an sich vornehmen zu lassen,

wird mit Freiheitsstrafe bis zu fünf Jahren oder mit Geldstrafe bestraft.

(2) Ebenso wird eine Person über achtzehn Jahren bestraft, die eine Person unter achtzehn Jahren dadurch missbraucht, dass sie gegen Entgelt sexuelle Handlungen an ihr vornimmt oder an sich von ihr vornehmen lässt.

(3) Eine Person über einundzwanzig Jahre, die eine Person unter sechzehn Jahren dadurch mißbraucht, daß sie
1. sexuelle Handlungen an ihr vornimmt oder an sich von ihr vornehmen läßt oder
2. diese dazu bestimmt, sexuelle Handlungen an einem Dritten vorzunehmen oder von einem Dritten an sich vornehmen zu lassen,

und dabei die ihr gegenüber fehlende Fähigkeit des Opfers zur sexuellen Selbstbestimmung ausnutzt, wird mit Freiheitsstrafe bis zu drei Jahren oder mit Geldstrafe bestraft.

(4) Der Versuch ist strafbar.

(5) In den Fällen des Absatzes 3 wird die Tat nur auf Antrag verfolgt, es sei denn, daß die Strafverfolgungsbehörde wegen des besonderen öffentlichen Interesses an der Strafverfolgung ein Einschreiten von Amts wegen für geboten hält.

(6) In den Fällen der Absätze 1 bis 3 kann das Gericht von Strafe nach diesen Vorschriften absehen, wenn bei Berücksichtigung des Verhaltens der Person, gegen die sich die Tat richtet, das Unrecht der Tat gering ist.

Strafgesetzbuch, StGB

Text 5

Nachwirkung der infantilen Objektwahl

Auch wer die inzestuöse Fixierung seiner Libido glücklich vermieden hat, ist dem Einfluss derselben nicht völlig entzogen. Es ist ein deutlicher Nachklang dieser Entwicklungsphase, wenn die erste ernsthafte Verliebtheit des jungen Mannes, wie so häufig, einem reifen Weibe, die des Mädchens einem älteren, mit Autorität ausgestatteten Manne gilt, die ihnen das Bild der Mutter und des Vaters beleben können. In freierer Anlehnung an diese Vorbilder geht wohl die Objektwahl überhaupt vor sich. Vor allem sucht der Mann nach dem Erinnerungsbild der Mutter, wie es ihn seit den Anfängen der Kindheit beherrscht; im vollen Einklang steht es damit, wenn sich die noch lebende Mutter gegen diese ihre Erneuerung sträubt und ihr mit Feindseligkeit begegnet. [...]
Ferner darf man für den Mann annehmen, dass die Kindererinnerung an die Zärtlichkeit der Mutter und anderer weiblicher Personen, denen er als Kind überantwortet war, energisch mithilft, seine Wahl auf das Weib zu lenken, während die von seiten des Vaters erfahrene frühzeitige Sexualeinschüchterung und die Konkurrenzeinstellung zu ihm vom gleichen Geschlechte ablenkt.

Freud, Sigmund: Studienausgabe, Band 5 (Sexualleben). Hrsg.: Alexander Mitscherlich,
Angela Richards u. James Strachey. Frankfurt am Main (S. Fischer Verlag GmbH) 1972. S. 131 f.

Text 6

ÜBER PSYCHISCHE ENERGETIK UND DAS WISSEN DER TRÄUME

Um den Sinn des Traumes festzustellen, habe ich […] ein Verfahren ausgebildet, das ich als *Aufnehmen des Kontextes* bezeichne und das darin besteht, dass bei jeder hervorstechenden Einzelheit des Traumes durch die Einfälle des Träumers festgestellt wird, in welcher Bedeutungsnuance sie ihm erscheint. Ich verfahre also nicht anders als bei der Dechiffrierung eines schwer lesbaren Textes. Diese Methode ergibt als Resultat durchaus nicht immer einen unmittelbar verständlichen Text, sondern zunächst oft nur einen bedeutsam erscheinenden Hinweis auf zahlreiche Möglichkeiten.

Das Aufnehmen des Kontextes ist allerdings eine einfache, beinahe mechanische Arbeit, die nur *vorbereitende* Bedeutung hat. Die darauffolgende Herstellung eines lesbaren Textes, nämlich die eigentliche *Interpretation des Traumes*, ist dagegen in der Regel eine anspruchsvolle Aufgabe. […]

Es braucht mehr als geistlose Schemata, wie sie sich in vulgären Traumbüchlein finden lassen oder sich fast stets unter dem Einfluss vorgefasster Meinungen entwickeln. Die stereotype Auslegung von Traummotiven ist abzulehnen; gerechtfertigt sind nur spezifische, durch sorgfältige Kontextaufnahmen eruierbare Bedeutungen. […]

So sehr sich die Träume auf ein bestimmt geartetes Bewusstsein und auf eine bestimmte seelische Situation beziehen, so tief liegen ihre Wurzeln in dem unerkennbar dunkeln Hintergrund des Bewusstseinsphänomens. Wir nennen diesen Hintergrund aus Ermangelung eines bezeichnenderen Ausdruckes das *Unbewusste*. […]

Da man indessen nie mit Sicherheit weiß, wie die Bewusstseinssituation eines Patienten zu bewerten ist, so ist dadurch eine Traumdeutung ohne Befragung des Träumers von vornherein ausgeschlossen. Aber auch wenn wir die bewusste Situation kennen, so wissen wir damit noch nichts über die Haltung des Unbewussten. […]

Nicht alle Träume sind von gleicher Wichtigkeit. Schon die Primitiven unterscheiden „kleine" und „große" Träume. Wir würden etwa sagen, „unbedeutende" und „bedeutende" Träume. […]

Bedeutungsvolle Träume werden oft ein Leben lang im Gedächtnis bewahrt, und nicht selten bilden sie das Kernstück in der Schatzkammer seelischer Erlebnisse. Wie viele Menschen habe ich angetroffen, die es bei der ersten Begegnung nicht lassen konnten zu sagen: „Ich habe einmal einen Traum gehabt!" Gelegentlich war es der erste Traum, an den sie sich überhaupt entsinnen konnten, und der zwischen dem dritten und fünften Lebensjahr zustande kam. Ich habe viele solcher Träume untersucht und fand an ihnen häufig eine Besonderheit, die sie vor andern Träumen auszeichnet. Es kommen in ihnen nämlich symbolische Gebilde vor, denen wir auch in der *Geschichte des menschlichen Geistes* begegnen. Bemerkenswert ist, dass der Träumer von der Existenz solcher Parallelen keine Ahnung zu haben braucht. Diese Besonderheit gilt für die Träume des Individuationsprozesses. Es sind in ihnen sogenannte *mythologische Motive* bzw. *Mythologeme* enthalten, die ich als *Archetypen* bezeichnet habe. Darunter sind spezifische Formen und bildmäßige Zusammenhänge zu verstehen, die sich in übereinstimmender Form nicht nur in allen Zeiten und Zonen, sondern auch in den individuellen Träumen, Phantasien, Visionen und Wahnideen finden. […]

Wir sprechen daher einerseits von einem *persönlichen*, andererseits von einem *kollektiven* Unbewussten, das gleichsam eine tiefere Schicht als das bewusstseinsnähere persönliche Unbewusste darstellt. Die „großen" bzw. bedeutungsvollen Träume entstammen dieser tieferen Schicht. Ihre Bedeutsamkeit verrät sich, abgesehen vom subjektiven Eindruck, schon durch ihre plastische Gestaltung, die nicht selten dichterische Kraft und Schönheit zeigt. Solche Träume ereignen sich meist in schicksalsentscheidenden Abschnitten des Lebens, so in der ersten Jugend, in der Pubertätszeit, um die Lebensmitte (36. bis 40. Jahr) und in conspectu mortis. […]

Jung, C. G.: Über psychische Energetik und das Wesen der Träume. Olten und Freiburg (Walter) 1971. S. 158–165.

Text 7

1 Das Haus als Ganzerscheinung – groß, klein, weiträumig, winklig, Bürgerhaus, Palast oder Hütte, in der Stadt oder auf dem Land – umzeichnet eine bestimmte Lebensgröße, Lebenshaltung, bezeichnet den Ort, wo wir uns seelisch befinden. Jeder Erwachsene bedarf einer gewissen Persona, d.h. einer gewissen Geltung nach außen. Man muss wissen, wer er in der Beziehung auf die Umwelt eigentlich
5 ist. Diese Persona wird im Traume durch die Hausfassade dargestellt. Die Fassade kann übertrieben sein, bei Manchen aber ist sie ungepflegt, es wird kein Wert darauf gelegt, richtig auszusehen. Ein Mann erlebt im Traume, dass man eine Fabrik baut. Wie er näher tritt, bemerkt er, dass es sich nur um großartige Fassaden handelt, die einen Großbetrieb vorzustellen hatten. So war es bis jetzt auch in seinem Leben gewesen, leerer Betrieb, auf den Schein berechnet. [...]
10 Die Haltung von Mitmenschen, wie sie in unserm innern Wahrnehmen bewusst wird, verdeutlicht sich in der Veränderung ihres wirklichen Hauses in unserm Traume. Es sieht aus wie eine Festung, abweisend, grau, und wir ahnen, dass es keinen Sinn hat, da einzudringen. Oder wir entdecken plötzlich, dass jener scheinbar wenig zugängliche Mensch in einem hellen aufgelichteten Hause mit offenen Türen und unverschlossenen Veranden wohnt. So ist er eigentlich. Man spürt, zu ihm hat man
15 Zutritt, von ihm wird man aufgenommen.

Aeppli, Ernst: Der Traum und seine Deutung. Erlenbach-Zürich (Eugen Rentsch Verlag) 1943. S. 253–255.

Text 8

1 Kommen wir zum nächsten Grundsymbol, dem Haus. Der Volksmund sagt von einem wirren Menschen, dass er ein verrücktes Haus ist. Mit dem Haus wird gewissermaßen das Gehäuse der Seele versinnbildlicht. Dieselbe Bedeutung finden wir auch im Traum wieder, und dementsprechend informieren die einzelnen Räume über verschiedene seelische Funktionen.
5 Der Keller verweist auf das Unbewusste. Wenn er fensterlos, dunkel, spinnwebverhangen und mit altem Plunder vorgestellt ist, sollte der Träumer öfters hinuntersteigen, Licht in das Dunkel bringen und erkennen, was er verdrängt, abgeschoben und eingesperrt hat. Der Hauseingang und der Flur geben bereits Auskunft über die innen herrschende Atmosphäre. In der Küche drückt sich der Bereich des Weiblich-Mütterlichen aus. [...]
15 Die Wohn- und Arbeitsräume deuten auf seelische Alltagssituationen und geistige Tätigkeiten hin. Mit dem Schlafraum wird häufig auf das Sexualleben angespielt. Bad und Toilette dürfen als Ort der seelischen Reinigung und der Entlastung von Ballast angesehen werden sowie von all dem, was wir seelisch durchgekaut und verdaut haben. [...]
Werfen wir noch einen Blick auf das Äußere und den Standort des Hauses. In ein kleines, an ein He-
20 xenhaus erinnerndes Gebäude eindringen zu wollen zeigt einen Träumer, der wieder Geborgenheit bei der Mutter sucht. Ein Hochhaus könnte zum einen auf zu anspruchsvolle Pläne des Träumers anspielen, zum anderen aber auch auf den Drang, mehr Überblick und Einsicht zu gewinnen. Ein Haus, das schief oder auf Stelzen steht, eine zu kleine Basis hat oder unproportioniert ist, macht Aussagen
25 über die seelische Verfassung des Träumers. Ähnliche Aussagekraft hat die Fassade eines Hauses. Sagen wir doch manchmal, dass jemand eine zu glatte Fassade habe. Die Fenster und Fensterhöhen sind die Augen des Hauses. Sind sie nicht vorhanden, deuten sie Rückzug und Verschlossenheit des Träumers an. Der Balkon und die Balkonbrüstung haben etwas mit dem Herzbereich des Träumers zu tun.
30 Wer sich unbehaust fühlt, wird sich über einen langen Zeitraum hin in seinen Träumen auf Haussuche begeben und mit den unterschiedlichsten Haustypen konfrontiert werden. Insgesamt gesehen ist das Haus eines der häufigsten Traumsymbole, das Verfestigung und Etablierung in dieser Welt bedeutet.

Hildegard Schwarz, Norbert Teupert: Das Bilderbuch der Träume: neue Möglichkeiten des Verstehens.
© Hildegard Schwarz, Norbert Teupert

Text 9

1 Ob für Spätpubertierende, Frühpubertierende oder jene in der verhaltensauffälligen Mitte – für alle gilt: Am Nestrand lauern unerwartete Zweifel. Wer bin ich? Wohin will ich? Und wie schaffe ich das? Auf sich allein gestellt, sieht sich ein Heranwachsender erstmals mit jenen existenziellen Fragen konfrontiert, die er vermutlich für den Rest seines Lebens mit sich herumschleppen wird. [...]

5 Die Emotionen bewegen sich in diesen Jahren auf und ab wie beim Trampolinspringen, wobei, wie es der Grazer Kinderpsychologe Peter Scheer umschreibt, den Eltern leider „die Rolle des Sprungtuchs zukommt". Denn um sich selbst suchen und finden zu können, müssen die Jugendlichen erst einmal jene übermächtigen, allgegenwärtigen Bezugspersonen abschütteln, in deren Schutzzone sie bisher gelebt haben. [...]

10 Dabei geht es Pubertierenden meist gar nicht um die konkreten Inhalte, sondern vielmehr um die Gegenposition an sich. Jugendliche in der Selbstfindungsphase scheinen nach dem Kalkül zu verfahren: Ich provoziere, also bin ich. Demnach müssen Teenager auch von Zeit zu Zeit zu spät kommen, Aufgaben vergessen oder abwesend sein. Und für all das *müssen* sie eine ehrliche Reaktion ihrer Eltern erhalten. Es ist der beste Beweis, dass es sie, die neuen Antipoden, gibt.

15 Väter und Mütter, die wütende Abgänge ihres Nachwuchses mit nachsichtigem Lächeln kommentieren, tun ihm daher alles andere als einen Gefallen. Streit gehört während der Pubertät zum Familienleben wie in friedvolleren Jahren der gemeinsame sonntägliche Ausflug. Auf die Eltern Pubertierender wartet damit eine wahrhaft schizophrene Aufgabe: Sie müssen gleichzeitig Halt geben und loslassen. Dabei ist die Gefahr groß, sich bei diesem Spagat zu verrenken. Manche ziehen sich kurzerhand in einer Laisser-faire-Haltung zurück und mischen sich nicht mehr ein – mit fatalen Folgen. „Der Kampf mit sich selbst, den Jugendliche führen", meint Guggenbühl, „verläuft dann im Leeren. Ihr Geschrei, ihre Ungehorsamkeit, ihr unflätiges Reden stößt nicht auf Widerstand. Oft greifen sie deshalb zu noch extremeren Provokationen."

So kommt es, dass auch Kinder aus vermeintlich gutem Hause plötzlich ins Visier der Polizei geraten 25 (und ihre kurze Kleinkriminellenkarriere in den allermeisten Fällen nach durchstandener Pubertät wieder beenden). „Pubertätsexzess" nennen Kinderpsychologen die Rebellion mit übermäßigem Alkoholkonsum, Drogen und Delikten. Das gegenteilige Verhalten bezeichnen Fachleute als „Pubertätsaskese". In Millionen Fällen beschreibt es den stillen Rückzug von Jugendlichen in eine eigene Welt. Besorgniserregend wird es, wenn die innere Emigration so weit geht, dass die Teenager jeglichem Gespräch ausweichen, völlig ziel- und planlos leben oder sich beispielsweise mit Brandings oder Piercings selbst zu verstümmeln beginnen. [...]

Artikel aus GEO Nr. 9/2005 „Warum sie so seltsam sind" von Harald Willenbrock.

Text 10

SYSTEM DER NS-KONZENTRATIONSLAGER

Tagesablauf

Der KZ-Tag begann im Sommer in Buchenwald um 3.30, in Dachau 3.15, im Winter 5 Uhr. Dem Wecken folgte das Waschen, wobei es in Buchenwald und Sachsenhausen anfangs an Wasser mangelte, das nur aus durchlöcherten Rohren in Rinnen im Freien floss. Die Aborte befanden sich hier zunächst außerhalb der Unterkünfte. [...]

Das „Frühstück", ein Becher Kräutertee oder Ersatzkaffe, und ein Stück Brot musste deshalb schnell heruntergeschlungen werden, bevor gegen 4.30 Uhr der Appell stattfand.

Die Arbeitszeit reichte in Buchenwald mit einer halben Stunde Mittagspause, für die am Abend zuvor Kaltverpflegung ausgegeben wurde, bis 16 Uhr, in Dachau mit zwei Stunden Unterbrechung, in der es im Lager die Suppe gab, bis 18 Uhr, vielfach darüber hinaus. [...]

In sämtlichen Lagern standen Aufbau und Ausbau im Vordergrund. Bei den schlimmsten Kommandos mussten meist Erd- und Transportarbeiten unter allen erdenklichen Erschwernissen erledigt werden. Außerhalb des Lagers umgaben Ketten von SS-Posten die Häftlinge und trieben sie meist an. [...]

Zum Ausschachten des Untergrundes für die zahllosen Gebäude, zum Planieren des Geländes zwischen den Gebäuden wurden keine Bagger verwendet. Das Erdreich wurde herausgetragen und zum großen Teil mit Tragen abtransportiert. Die Tragen waren viereckige, oben offene Holzkästen, an denen zwei Tragstangen so befestigt waren, dass sie von zwei Häftlingen transportiert werden konnten. Für Strafkolonnen wurden Kästen in besonders großem Maß hergestellt. Wir versuchten, uns die schwere Last dadurch zu erleichtern, dass wir Stricke oder Drähte an den Stangen befestigten, die wir über Schultern und Nacken legen konnten, um die Last mit dem ganzen Körper zu tragen, wenn die Hände die Stange nicht mehr halten konnten und die Arme förmlich aus den Gelenken zu reißen drohten. Aber das wurde unter Androhung strenger Strafen verboten. SS-Leute bis hinauf zum Lagerführer sorgten dafür, dass bei längeren Transportwegen die Tragen unterwegs nicht zu oft abgesetzt wurden. [...] Auch mussten sich Häftlinge vor Wagen spannen, vornübergebeugt sie ziehen und dazu noch singen. Sie wurden zynisch „Singende Pferde" genannt. In Flossenbürg verfügten die Gefangenen über keine größeren technischen Hilfsmittel, um Stufen in den Berg zu brechen und den Steinbruch zu betreiben. Die Bewegung der Erd- und Gesteinsmassen erfolgte durch Muskelkraft, zum Teil „bei 25 Grad Kälte ohne Strümpfe und Handschuhe im Freien", wie sich einer der Häftlinge erinnerte. „Die Folge waren erfrorene Finger, Hände und Füße. Der Lagerkommandant ließ Gefangene, die sich krank meldeten, mit 25 Peitschenhieben durchprügeln, und kommandierte sie trotz Erfrierungsschäden zur Arbeit ... Amputationen von erfrorenen Fingern, Händen und Füßen wurden vorgenommen und hatten häufig tödliche Folgen." [...]

In Sachsenhausen galt – wie geschildert – der Aufbau als schlimmste Schinderei, als Knochenarbeit, wie Harry Naujoks festhielt. An anderen Stellen ging es ebenso zu, wie Pfarrer Koche es beim Kähneentladen erlebte. „Da auf der schmalen Planke nur Platz für jeweils einen Häftling ist, muss dieser unter Aufbietung all seiner Kräfte versuchen, die Schubkarre allein über die Laufplanke zu balancieren. Wenn aber ein Asphaltbrocken so ungleichmäßig ist, dass er mit einem Teile weit über den Rand der Schubkarre hinausragt, so kann es vorkommen, dass der Häftling die Balance verliert und mitsamt der Schubkarre in den Lehnitzsee stürzt. Dies ist der Augenblick, wo die SS-Posten entweder in ein schadenfrohes Gejohle ausbrechen, oder aber – das Gewehr anlegen und schießen! Denn es ist ja offensichtlich,' dass da ein Häftling schwimmend das Ufer erreichen und also fliehen will! ‚Auf der Flucht erschossen' heißt es dann. Ob die SS sich für das eine oder andere – das Gelächter oder den Mord – entscheidet, hängt ganz von ihrer Laune und von dem ‚Stellenwert' des jeweiligen Häftlings ab. Ist es ein Häftling, an dem SS nicht interessiert ist, so kommt er mit einem unfreiwilligen Bad davon. Ist es aber einer, den sie gerne liquidiert haben möchte, so wird scharf geschossen. Man kann dieses Ziel auch dadurch erreichen, dass man einigen Häftlingen befiehlt, einen besonders unförmigen Brocken auf die Schubkarre zu laden, sodass der unglückselige Schubkarrenfahrer das Gleichgewicht mit Sicherheit verlieren muss." [...]

Gegen 16 oder 17 Uhr fand der tägliche Abendappell statt, der sich über geraume Zeit erstreckte, nicht nur wegen des genauen Zählens der Häftlinge. Sie mussten – zerschunden und todmüde – Lieder singen oder dem Vollzug der Prügelstrafe zusehen. Einem kargen Abendessen, in Buchenwald in warmer Form, schlossen sich oft noch Arbeiten im Lager an. „Wir waren täglich nicht weniger als 17 ½ Stunden auf den Beinen. Gesunde, Kranke – sofern sie sich gerade noch auf den Beinen halten konnten –, Junge und Alte. Rücksicht auf die Witterung gab es nicht. Wir mussten in unserer dünnen Kunststoffkleidung bei Sturm und Wolkenbruch ebenso arbeiten wie bei glühender Hitze", berichtete ein Buchenwald-Häftling in einer Exilzeitschrift.

Kamen die Gefangenen in die Unterkünfte zurück, mussten sie etliche Male erleben, dass SS-Leute die Lagerstätten umgeworfen und die Strohsäcke ausgeschüttet hatten. Oder von ihnen waren die Spinde überprüft und – wegen angeblich gefundener Krümel – umgekippt worden, sodass Marmelade, Glasscherben, Geschirr usw. durcheinanderlagen. Alles musste sogleich wieder aufgeräumt und gesäubert werden. Wegen der Schikanen bei der Ordnung der Schlafstätten legten sich manche Häftlinge daneben, um sie nicht durcheinanderzubringen. [...]

Rationen und Gesundheitszustand
Dazu kam in fast allen Lagern eine schmale Verpflegung in miserabler Qualität. Aus der Lichtenburg meldeten am 21. Juli 1936 die SS-Führer aller vier Häftlingskompanien: Durch „Neuordnung" der Rationen, besonders die Kürzung der Brotsätze, sei wachsende Arbeitsunlust und Niedergeschlagenheit zu bemerken. Da „die Tagesrationen nicht ausreichend sind, um die Häftlinge zu sättigen", würden sie Speisereste aus der Müllgrube heraussuchen oder Brot stehlen. Gleiche Erscheinungen traten während einer Hungerperiode im November/Dezember 1937 in Buchenwald auf. Im Mai setzte dort der Kommandant die Brotrationen auf 500 Gramm pro Tag und Gefangenen herab und gestand jeder Baracke täglich nur vier Eimer Wasser zu. Dazu kam ein Liter Suppe (für Juden ein halber Liter und 250 Gramm Brot), etwas Margarine, Sülze oder Wurst. [...]

Menschenverachtend und brutal sah auch die medizinische Behandlung der verletzten und erkrankten Häftlinge aus. Ehe sie in die zunächst primitiv eingerichteten Reviere gelangen konnten, mussten sie sich dem SS-Blockführer und dem Lagerführer vorstellen. Diese entschieden, wer krank wäre, und jagten sie meistens nach der Devise weg, es gebe nur Gesunde oder Tote. Ähnlich verfuhren SS-Ärzte. Der christliche Schriftsteller Ernst Wiechert berichtete aus Buchenwald: „Es gab Schwerkranke, die stundenlang dastanden oder kauerten und schließlich doch umkehren mussten. Es hatte eben keine Kranke zu geben. Auch machte man sich beim Appell mitunter den Scherz, alle vortreten zu lassen, die ein körperliches Leiden hätten. Waren ihre Nummern notiert – wie viele Nummern! – so entzog man ihnen für den ganzen Tag das Essen, mit der Begründung, Kranke dürften keine Nahrung zu sich nehmen."

Strafen und Quälereien
Als Strafen für „Häftlinge, die gegen die Ordnung und Zucht des Lagers verstießen", so schrieb Höß, gab es Verwarnungen, Strafarbeit während der „Freizeit", Einweisung in die Strafkompanie auf unbestimmte Dauer bis zu einem Jahr, Arrest, strengen Arrest mit zeitweiligem Kostenzug, Dunkelarrest bis zu 42 Tagen und körperliche Züchtigung bis zu 25 Stockhieben. Der Bestrafung mussten Strafmeldungen zugrunde liegen. Bis auf die Prügelstrafe konnte der Kommandant sie verhängen. [...]

Im KZ-Alltag griffen die Schergen zu weit mehr Strafen und vollzogen sie willkürlich. Jeder SS-Mann, gleich ob aus Lager- oder Wachmannschaft, konnte Gefangene für ihr Tun oder Lassen misshandeln, sie nur oder zusätzlich melden, ebenso wie es Frauen von SS-Führern taten, besonders Ilse Koch in Buchenwald.

Auch Blockälteste und Kapos schlugen auf Mithäftlinge ein oder zeigten sie bei SS-Leuten an. Daraufhin verhängten SS-Führer Torstehen in strammer Haltung, zum Teil mit hinter dem Kopf verschränkten Armen („Sachsengruß"), während des ganzen Tages, wobei oft vorübergehende SS-Leute die Gefangenen misshandelten. Weiter wurden ausgesprochen: Kostentzug, Strafexerzieren oder -sport für ganze Blockbelegschaften oder Arbeitskommandos, bei denen das Hinwerfen, Kriechen, Hüpfen, Rennen, Drehen usw. stundenlang dauerte oder „Baumhängen", mit hinter dem Rücken verschränkt gebundenen Armen freischwebend hochgezogen. „Als ‚Baum' dienten im Arresthof Pfosten", berichtete ein Ge-

fangener aus Dachau. „Die im Arresthof hängenden Häftlinge wurden oft von den Spürhunden angefallen, die frei umherliefen. Arg war es auch, wenn die Wachen sich den ‚Witz' erlaubten, den Hängenden zu schaukeln." [...]
Wiechert sah, dass SS-Scharführer den Wehrlosen einen Stock in den Mund stießen oder sie anders quälten. Er beobachtete, „dass ihre Schmerzensschreie so waren, dass die älteren Leute in Tränen ausbrachen". Sie erzählten dann, „dass einer von ihnen vorzeit eine ganze Nacht lang so an einem Baume gehangen hatte, und am Morgen waren seine Unterarme schwarz gewesen. Sie mussten amputiert werden, und er starb daran." Meist kamen zu schrecklichen Schmerzen ausgerenkte Schultergelenke, sodass die Opfer wochenlang die Arme nicht bewegen konnten und zum Teil lebenslang Schäden erlitten. [...]
Die Dachauer Lagerführung steckte mehrmals die jüdischen Häftlinge in Isolierhaft. „Die Fenster der ‚Judenbaracke' wurden zugenagelt und von außen angestrichen", hieß es darüber in einem zeitgenössischen Bericht, „die Türen verschlossen. Die Gefangenen mussten den ganzen Tag auf den Pritschen liegen. Eine Stunde vormittags und eine Stunde nachmittags wurden sie herausgelassen und machten unter Aufsicht des Blockführers Sport. Während der ganzen Zeit durften die jüdischen Gefangenen nicht schreiben und keine Post oder Geldsendung empfangen. [...]
Die Prügelstrafe erfolgte wie bisher auf dem Bock vor den auf dem Appellplatz stehenden Häftlingen. Obwohl eine Abstufung möglich war, wurden meist von den Kommandanten 25 Schläge verhängt, die oft ausgemachte Sadisten unter den SS-Leuten vollstreckten. So schlug der Bunkerverwalter von Buchenwald mit Vorliebe in die Nierengegend. [...]
Der Arrest ging oft über die festgelegte Zeit und das vorgesehene Maximum von 42 Tagen hinaus. Dazu kamen Essenentzug, Anketten an die vollaufgedrehte Heizung, Anschließen an Gitter, Misshandlungen und absolute Verdunkelung von Zellen. [...]

Exekutionen
Die ersten öffentlichen Hinrichtungen vor dem zweiten Weltkrieg geschahen 1938 im KZ Buchenwald. Am 13. Mai dieses Jahres hatte hier bei Außenarbeiten der Kriminelle Emil Bargatzki einen SS-Mann erschlagen und war mit einem zweiten Häftling, Peter Forster, geflohen. An einem auf dem Appellplatz errichteten Galgen erhängten vor den zusammengetriebenen und mit Maschinengewehren bedrohten Häftlingen der Lagerälteste Richter und ein krimineller Blockältester im Beisein Eickes am 4. Juni, dem Tag vor Pfingsten, Bargatzki, am 21. Dezember Forster. Versuche von Gefangenen, den Greueln zu entrinnen, indem sie Hand an sich legten, bestrafte die SS hart. So ließ die Sachsenhausener Lagerführung einen alten Mann, der sich die Pulsadern aufgeschnitten hatte, wegen Selbstverstümmelung auf den Prügelbock schnallen. Meist setzten Verzweifelte im elektrischen Stacheldraht ihrem Leben ein Ende. 1938 und 1939 ereigneten sich in Sachsenhausen sieben bzw. 33, im ersten Halbjahr 1939 in Buchenwald sieben Selbsttötungen.

Klaus Drobisch, Günther Wieland: System der NS-Konzentrationslager 1933–1939; Akademie Verlag 1993; S. 294–302 (Auszüge).

Text 11

FRAUEN IN KONZENTRATIONSLAGERN. TÄTERINNEN UND ZUSCHAUERINNEN

In den Konzentrationslagern und KZ-Nebenlagern mit weiblichen Häftlingen lebten, wohnten und arbeiteten die SS-Aufseherinnen. Sie waren Reichsangestellte, die sich durch Dienstverträge mit dem WVHA, Amtsgruppe D (Konzentrationslager) – ab 1. September 1944 mit dem Kommandanten des jeweiligen Konzentrationslagers – zur Dienstleistung für die Waffen-SS verpflichtet hatten. Sie gehörten jeweils dem Kommandanturstab des KZ an und wurden nach der Tarifordnung der Angestellten im Öffentlichen Dienst besoldet. So erhielt beispielsweise eine ledige Aufseherin im Alter von 25 Jahren brutto 185 RM. Sie wurden zunächst für eine dreimonatige Probezeit als Hilfsaufseherin eingestellt. Erst nach Ende der Probezeit rückten sie automatisch in die Dienststellung einer Aufseherin auf. SS-Aufseherinnen übten die direkte Herrschaft über die Häftlinge aus: Sie waren verantwortlich für die täglichen Drangsalierungen und Schikanen und die Leiden der gefangenen Frauen. Obwohl die Aufseherinnen nach dem Krieg auf Befragung immer wieder behaupteten, sie seien nicht bewaffnet gewesen, kann nachgewiesen werden, dass zu ihrer Ausrüstung auch eine Pistole gehörte. [...]
SS-Aufseherinnen bewarben sich entweder aus eigener Initiative um die Anstellung in einem Konzentrationslager, wurden vom Arbeitsamt vermittelt oder in dem Betrieb, in dem sie arbeiteten, angeworben. [...]
Alle zukünftigen Aufseherinnen bekamen eine spezielle Ausbildung, die fünf Tage oder mehrere Wochen dauern konnte. Bis 1944 war das Frauenkonzentrationslager Ravensbrück das zentrale Ausbildungslager. Ab 1944 richteten auch andere KZs Ausbildungskurse für Aufseherinnen ein. Wie sah diese Ausbildung aus? Im „Lehrgang für SS-Aufseherinnen" des KZ Flossenbürg wurden folgende Fächer unterrichtet und nach Abschluss der Ausbildung beurteilt: „Weltanschauliche und Nationalpolitische Ausrichtung", „Dienstkunde und Bewährung im Einsatz" sowie „Persönliche Haltung und Führung". Da sich ehemalige SS-Aufseherinnen nur sehr vage über ihre Ausbildung geäußert haben, können wir nur darüber spekulieren, welche Leitsätze für den Umgang mit Häftlingen vermittelt wurden. Hilfreich sind hier die Aussagen ehemaliger Häftlinge. Sie berichten, dass die zumeist jungen zukünftigen Aufseherinnen während ihrer Ausbildung zu Rücksichtslosigkeit und Gewaltbereitschaft gegenüber den Gefangenen sowie Gehorsam gegenüber Vorgesetzten und Befehlen erzogen wurden. Gewalttätiges und brutales Verhalten gegenüber den gefangenen Frauen scheint die Voraussetzung für den Aufstieg in der KZ-Hierarchie gewesen zu sein. [...]
Für die Mehrzahl der Aufseherinnen scheint die Arbeit in einem Konzentrationslager oder einem KZ-Nebenlager eine ganz normale berufliche Tätigkeit gewesen zu sein. [...]
Verantwortung delegierten sie an „höhere Instanzen" – das wiederum war die Voraussetzung für die Mitleidlosigkeit ihren Opfern gegenüber.

Gudrun Schwarz: Frauen in Konzentrationslagern. Täterinnen und Zuschauerinnen. In: Christoph Dieckmann, Ulrich Herbert u. Karin Orth (Hrsg.): Die nationalsozialistischen Konzentrationslager. Entwicklung und Struktur (für die Gedenkstätte Buchenwald). Band II. Göttingen: Wallstein Verlag, 1998 © Gudrun Schwarz

Text 12

DIE STUTE VON MAJDANEK

12. Juli 1964

Als das Telefon von Josef von Lelyveld klingelt, liegt Manhattan noch im Bett. Es ist Sonntag früh, so gegen sieben, und Lelyveld nippt an der ersten Tasse Kaffee. Blitzschnell wird der Lokalreporter wach. Es ist ein Anruf, auf den Journalisten ein ganzes Leben lang warten.

Am Apparat meldet sich Simon Wiesenthal, der Nazi-Jäger aus Wien, und bittet Lelyveld um Hilfe. Er möge doch mal nach Queens fahren, in der 72. Straße, Hausnummer 5211. Gucken, wer da wohnt. Eine große Ehre, Wiesenthal einen Gefallen zu tun, denkt Lelyveld und reibt sich den Schlaf aus den Augen. Die Kollegen werden neidisch sein. So schwänzt der junge Journalist an diesem Morgen des 12. Juli 1964 die Redaktionskonferenz und setzt sich in die U-Bahn. Sein Herz klopft.

Eine Dreiviertelstunde später steht er vor der rostbraunen Klinkerfassade von Haus Nummer 5211. Der Lokalreporter klingelt, er hört sein Blut in den Ohren rauschen. Eine Frau in pinkweiß gestreiften Shorts und weißer, kragenloser Bluse öffnet die Tür. Sie hält eine Farbrolle in der Hand. Sie und ihr Ehemann streichen gerade das Wohnzimmer in Lila und Gelb. Lelyveld stottert vor Aufregung: „Sind Sie Frau Braunmeister, Hermine Braunmeister? Hat man Sie die ‚Stute von Majdanek' genannt?"

Die Gesichtszüge der Frau gefrieren, sie bricht in Tränen aus. Sie lässt Lelyveld an der Haustür stehen, stolpert ins Wohnzimmer zu ihrem Ehemann. Sie stammelt: „Das ist das Ende!" Ihr Englisch klingt sehr deutsch. [...]

Lelyveld nimmt auf dem Sofa Platz. Vielleicht zwanzig Minuten bleibt er sitzen. Er wird der erste Reporter sein, der mit Hermine Ryan geredet hat.

„Ich bin genug bestraft worden", sagt sie und schnäuzt sich die Nase mit einem Taschentuch, das Russel Ryan ihr reicht. „Ich saß drei Jahre in Wien im Gefängnis. Können Sie sich das vorstellen? Was wollen Sie von mir?"

Mit Empörung in den Augen starrt Russel Ryan auf seine Gattin und den Gast von der *New York Times*. „Was wollen Sie von meiner Frau? Sie würde noch nicht mal einer Fliege etwas zu Leide tun." Joseph Lelyveld liest von einem Zettel Fakten ab, die ihm Simon Wiesenthal am Morgen diktiert hat. Hermine Ryan knetet ihre Hände, schweigt und schluchzt. Ihr Mann versteht nichts. An diesem Sonntagmorgen hört er zum ersten Mal, wem er 1958 im kanadischen Halifax das Jawort gegeben hat: einer KZ-Aufseherin.

„Meine Frau, Sir, musste diesen Dienst verrichten, man hat sie dazu gezwungen", rettet sich Russel Ryan aus der Situation. Er begleitet den Reporter zur Tür und schwört: „Meine Frau hat niemandem etwas getan, so wahr mir Gott helfe." [...]

Die ahnungslosen Nachbarn lobten Hermine Ryan damals überschwänglich. Sie sei „eine der freundlichsten Frauen, die wir kennen", erfuhr Lelyveld. Ein anderer Nachbar sagte: „Sie liebt Hunde, besonders Welpen. Sie streichelt unsern und führt ihn aus."

Was ihr Gatte und die Nachbarn nicht wussten: In führender Funktion verrichtete Hermine Ryan, damals noch Hermine Braunmeister, von 1942 bis 1944 Dienst im polnischen Konzentrationslager Majdanek – als stellvertretende Schutzhaftlagerführerin. Die Häftlinge in Majdanek hatten für viele SS-Leute Spitznamen, denn niemand von der Kommandantur oder vom Wachpersonal stellte sich mit seinem wahren Namen vor – Hermine Ryan nannte man „Kobyla, die Stute": weil sie mit ihren eisenbeschlagenen Stiefeln die Menschen trat. Und sie drosch dazu noch mit der Peitsche auf sie ein. Hermine Ryan „war eine Bestie", schaudert es Simon Wiesenthal heute noch, „deren latente sadistische Veranlagung durch den Betrieb im Konzentrationslager bloßgelegt wurde."

Der Artikel von Joseph Lelyveld, heute Chefredakteur der *New York Times*, raubt den Ryans das idyllische Familienleben: Die 72. Straße wird ein Wallfahrtsort für Menschen, die neugierig sind, wie eine KZ-Aufseherin lebt. Reporter und Fernsehteams belagern den Bürgersteig vor dem schmalen Einfamilienhaus Tag und Nacht – stets auf der Lauer nach einer Mörderin, die doch auch mal einkaufen gehen muss.

Hermine Ryans zweite Heimat wird zur Heimat auf Abruf. Weil sie bei ihrer Einreise den Dienst am deutschen Volk unterschlagen hat, leitet die Einwanderungsbehörde ein Verfahren ein, um ihre amerikanische Staatsbürgerschaft zu annullieren. Im September 1971 verliert Hermine

Ryan den US-Pass. Es dauert dann noch einmal zwei Jahre, bis das deutsche Justizministerium ein dreihundert Seiten starkes Auslieferungsersuchen stellt. [...]

Der Prozess
Im Konzentrationslager Majdanek wurden mindestens 250 000 Menschen vergast, erschossen, verbrannt, ertränkt, totgeschlagen, totgetreten. Die Kommandanten orderten 7 711 Kilogramm Zyklon B, versandten 730 Kilogramm Menschenhaar an die Industrie und gossen aus den Goldzähnen der Toten Ringe. Nach neuesten Schätzungen starben in dem Lager anderthalb Millionen Menschen. Als es im Juli 1944 von sowjetischen Soldaten befreit wurde, arbeitete Hermine Ryan bereits im Frauen-KZ Ravensbrück. Man hatte sie zur Oberaufseherin befördert.

Es vergingen dann 31 Jahre, bis der Vorsitzende der 17. Großen Strafkammer des Landgerichts Düsseldorf, Günter Bogen, das längste Verfahren gegen nationalsozialistische Verbrecher eröffnete – den Majdanek-Prozess. Bogen war damals mollig und hatte rote Apfelbäckchen – heute wiegt er 30 Kilogramm weniger. 474 Prozesstage zwischen November 1975 und Juli 1981, zwanzig Millionen Mark für fünfeinhalb Jahre Spurensuche – von mindestens 1 300 Majdanek-Angestellten waren gerade mal 15 angeklagt. Drei Jahre später saßen Günter Bogen nur noch neun gegenüber, die anderen mussten mangels Beweisen freigesprochen werden oder waren verstorben. [...]

Es war zugleich das erste und einzige NS-Verfahren, in dem weibliche Lagerbedienstete vor einem deutschen Gericht standen. Zu Beginn war von Grauen keine Spur. Angeklagt waren inzwischen betuliche ältere Damen mit Strickkostüm, Wollmütze und Kuchengesicht, Hausfrauen, die man von Heim, Herd und Kaffeekränzchen weggerissen hatte. Nette Omis, die ihr Gesicht vor dem Blitzlichtgewitter der Fotografen mit Tüten und Zeitungen schützten. „Bestien", die in Majdanek „panische Angst verbreiteten", die „wie besessen" schlugen und „Exzesstaten" begingen. In der ersten Reihe vor dem Schwurgericht, das Haar unter der Wollmütze frisch geweißt, in weißer Strickjacke über einem auffallend lila Kleid, ein verbittert-kantiges Gesicht: Hermine Ryan, zu Prozessbeginn 56 Jahre alt. Sie zeigt keine Regung, auch nicht beim Anblick ihrer KZ-Kolleginnen, mit denen sie nach einigen Stunden erste Worte wechselt. [...]

Staatsanwalt Dieter Ambach und Günter Bogen sind in den fünfeinhalb Jahren sehr oft verzweifelt. Es gibt vierhundert Zeugenaussagen, aber keine genauen Täterzuordnungen. „Wir haben viele Leichen, aber keine Täter", seufzt Ambach einmal. Viele Zeugen verwechseln Zeit, Ort und Aufseherin, was den Angeklagten zugute kommt. Die haushalten mit Auskünften.

Die Wienerin mit den stets wechselnden Kostümen, die im Prozess zwanghaft ihre Hände knetet, spielt dabei die große Unnahbare. Demonstrativ liest sie amerikanische Zeitungen, bastelt kleine Weihnachtsbäume für die Wachmänner und macht nur Angaben zur Person: Mit 23 arbeitete sie in einer Berliner Munitionsfabrik, für wöchentlich 16 Reichsmark. Ein Polizist, bei dem sie zur Untermiete wohnte und der den Kommandanten des benachbarten Konzentrationslagers Ravensbrück kannte, vermittelte sie für monatlich sechzig Mark in das Lager. „Freiwillig habe ich mich nicht gemeldet", erklärt Hermine Ryan, weshalb sie nach Majdanek versetzt wurde. Staatsanwalt Ambach glaubt ihr das nicht: Der Dienst in Majdanek facht ihren Ehrgeiz an. Schon nach fünf Monaten steigt sie zur stellvertretenden Oberaufseherin auf, kurz darauf wird ihr das Kriegsverdienstkreuz zweite Klasse ans Uniformrevers geheftet. [...]

Sie möchte gar nichts hören. Statt dessen guckt sie „hasserfüllt", wie Ambach sagt, wenn die Vorwürfe am unerträglichsten werden. Irgendwann im Oktober 1943 versuchte ein Vater seinen Sohn in einem Rucksack mit ins Lager zu schmuggeln. Hermine Ryan sah, dass sich der Rucksack bewegte und schlug mit der Peitsche darauf. Bis nur noch ein Wimmern aus dem Rucksack kam. Hermine Ryan, damals 24 Jahre alt, zog den blutenden Buben an den Haaren raus. Sie warf ihn auf einen offenen Lastwagen zu den anderen Kindern: Abfahrt in die Gaskammer. Diese Szene verfolgt Dieter Ambach heute noch.

Hermine Ryan schlug Kinder mit einer Suppenkelle blutig, weil die sich auf einen Essenskübel stürzten. Sie peitschte Mädchen, die ihre Häftlingsnummer nicht korrekt angenäht, Strümpfe getragen, Kissen unter die dünne Kleidung gebunden oder über Hunger geklagt hatten. Kinder und Säuglinge galten in Majdanek als „unnütze Esser".

Weil im Frühjahr 1943 mehr Juden aus dem Warschauer Ghetto nach Majdanek deportiert wurden, als das Lager fasste, konnten die Kinder nicht sofort vergast werden. Etwa hundert wurden deshalb in eine Baracke verlegt, bis in den Gaskammern wieder Platz war. Beim Abtransport packte Hermine Ryan kräftig mit an. Die Kinder, die von allein nicht auf den Todeslastwagen klettern konnten, fasst sie an „Ärmchen und Beinchen und warf sie wie Schlachtvieh auf die offene Ladefläche". Frauen, soll Ryan gesagt haben, „sind wie Scheiße". Womöglich sprach sie aus bloßem Neid. Hermine Ryan ist unfruchtbar, sie kann keine Kinder bekommen.

Einmal bittet Frau Ryan Richter Bogen um Gehör – sie sagt mit Engelsblick: „Herr Richter, der ganze Eindruck und die ganze Atmosphäre im Lager haben mich seelisch sehr belastet, ich meine als Frau". Wie sie es fertig brachte, überhaupt zu töten, will Günter Bogen darauf wissen. Frau Ryan weicht aus: „Ich konnte mir kein richtiges Urteil erlauben, ob die Häftlinge zu Recht oder zu Unrecht eingesperrt waren, weil ich deren Akten nicht kannte." Ob sie denn wenigstens eingesehen habe, dass hier Unrecht geschah. „Nein. Wenn ich die Lebenserfahrung damals gehabt hätte. Aber ich war ja erst 19 oder zwanzig." [...]

Unter dem Kronleuchter in Saal 111 verlist Hermine Ryan im Mai 1981 ein wohl formuliertes Schlusswort, Ghostwriter ist ihr Anwalt. Mit Samt in der Stimme äußert sie sich das letzte Mal öffentlich: „Ich trage Schuld, aber ich bin keine Mörderin." Sie verstehe erst heute, wie es den Menschen „damals im Lager zumute gewesen sein kann, die unter den schwersten Entbehrungen ihr tägliches Dasein fristeten". Sie habe Majdanek für ein „Umschulungslager" gehalten. „Im Lager gab es dann kein Zurück. Es war Krieg, und jeder musste an seinem Platz ausharren, wo er hingestellt wurde." Als „Zahnrad im Getriebe" sei sie in immer größerem Ausmaß mit hineingezogen worden.

Sie sei keine Mörderin: „Nur ich ganz allein und der Herrgott wissen, dass dies die Wahrheit ist." Sie werde ihr ganzes restliches Leben daran zu tragen haben, dass „ein nicht zu bestimmendes Schicksal mich zum Glied einer Kette machte, die zu zerreißen ich zu klein und deren Lauf anzuhalten ich nicht fähig war." [...]

Die blumige Selbstverteidigung nach fünf wortkargen Jahren nutzt Ryan nichts. Die anderen acht Angeklagten erhalten Haftstrafen zwischen drei und zwölf Jahren. Hermine Ryan lebenslänglich. Das Gericht attestiert ihr „persönlichen Ehrgeiz, Befehle in besonders brutaler und bestialischer Art und Weise auszuführen". Sie habe „aus egoistischem Interesse eilfertig zum befohlenen Mord beigetragen, sich durch eigenen Beitrag die Tat zu eigen gemacht". Das Urteil, das Richter Günter Bogen am 30. Juni 1981 zehneinhalb Stunden lang mit zitternder Stimme verliest, entfacht weltweit Empörung. Einmal lebenslänglich bei 250 000 Ermordeten – das versteht ja noch nicht mal der Urteilsverkünder. 15 Jahre sitzt Hermine Ryan im Mühlheimer Frauengefängnis, unterbrochen durch Aufenthalte im Justizhospital in Fröndenberg, wo ihr der linke Unterschenkel amputiert wird. Sie näht Stofftiere und bessert so ihr Taschengeld auf. Sie turnt und vertreibt sich so die Langeweile. Sie kapselt sich von den Mitgefangenen ab und lässt niemanden in ihre Zelle. Der einzige Kontakt zur Außenwelt ist ihr Mann Russell – der einzige Mensch überhaupt, der sich bis heute an die Idee klammert, seine Frau werde verwechselt.

Im April dieses Jahres ist Hermine Ryan entlassen. Ministerpräsident Johannes Rau erweist ihr Anfang des Jahres die Gnade. Mitarbeiter der nordrhein-westfälischen Justizbehörden sagen, man habe sie zum Sterben freigelassen. Sie ist 77 Jahre alt, schwer gicht- und zuckerkrank. Und sie ist die einzige von allen neun Verurteilten, die noch lebt.

Thorsten Schmitz, Albrecht Fuchs: Die Stute von Majdanek, in: Süddeutsche Zeitung Magazin vom 13.12.1996

Text 13

Majdanek – oder „die Obergrenze"

Die Gerichtsverhandlung in Düsseldorf war manchen ein Ärgernis

„Seine zitternden Hände vermochten kaum das Papier zu halten, auf das der Tenor geschrieben war. Seine sonst frische Gesichtsfarbe war einem fahlen Weiß gewichen", berichtete Eberhard Vietinghoff, Reporter der Associated Press. „Als der Vorsitzende Richter der 17. Strafkammer am Landgericht Düsseldorf, Günter Bogen, nach rund fünfeinhalbjähriger Verhandlungsdauer im so genannten Madjanek-Prozess die ersten Sätze sprach, konnte er eine innere Erregung nicht verbergen. Der 51 Jahre alte Jurist hatte bis dahin den größten Prozess der neueren Rechtsgeschichte souverän, fair und mit fester Hand geführt. Erst als Protestrufe, nach Sekunden der Stille, durch den Gerichtssaal gerufen wurden, war Bogen wieder gefasst. Er wies die Zuhörer in die Schranken, ließ Wachtmeister vor den Rufern aufmarschieren, die die Strafzumessungen für alle Angeklagten als zu niedrig empfanden."

So begann am 474. Sitzungstag das Ende der Hauptverhandlung, die nicht nur wegen ihrer ganz ungewöhnlichen Länge zu den bedeutendsten Kapiteln in der langen Geschichte der NS-Prozesse geworden ist. Zum Schluss entwickelte die Schwurgerichtskammer noch den Ehrgeiz, mit Urteil und Urteilsbegründung an einem einzigen Tage zu Ende zu kommen. Um 9.30 Uhr am 30. Juni 1981 verkündete sie ihren Spruch, und am Abend gegen 21.45 Uhr entließ sie die erschöpften Zuhörer, die mit dem Gefühl das Justizgebäude am Rande der Düsseldorfer Altstadt verlassen konnten, dass sie auch beim Abschluss Zeugen eines Lehrstückes von zumeist verspäteten, mühsamen und oft unbefriedigenden Bemühungen der bundesdeutschen Justiz waren, die Vergangenheit strafrechtlich zu „bewältigen".

Der Madjanek-Prozess war manchen ein Ärgernis, weil Aufwand und Ergebnis in besonders krasser Weise auseinanderzuklaffen schienen. Begonnen hatte er am 26. November 1975, als „NS-Verfahren gegen Hackmann und andere". Eine von ursprünglich 15 Angeklagten starb Ende Mai 1976, ein Beschuldigter wurde im Dezember 1978 verhandlungsunfähig, im März 1979 wurde das Verfahren gegen vier Angeklagte abgetrennt, und sie wurden freigesprochen. Von den verbliebenen neuen Frauen und Männern wurden dann am 30. Juni 1981 verurteilt: Die 61 Jahre alte ehemalige KZ-Aufseherin Hermine Ryan-Braunsteiner zu lebenslanger Freiheitsstrafe, die gleichaltrige einstige Aufseherin Hildegard Lächert zu zwölf Jahren, der 67-jährige frühere SS-Hauptsturmführer Hermann Hackmann zu zehn Jahren, der damalige SS-Rottenführer Emil Laurich, zur Zeit der Urteilsverkündung 60 Jahre alt, zu acht Jahren, der 60jährige einstige Unterscharführer Heinz Villain zu sechs Jahren, der 68 Jahre alte damalige SS-Oberscharführer Fritz Petrick zu vier Jahren, der gleichaltrige frühere SS Unterscharführer Arnold Strippel zu dreieinhalb Jahren und er 64-jährige frühere SS-Unterscharführer Thomas Ellwanger zu drei Jahren Freiheitsstrafe. Ein Angeklagter, 61 Jahre alt, wurde freigesprochen. Die Staatsanwaltschaft hatte für fünf Angeklagte auf lebenslang und für drei auf zeitlich begrenzte Freiheitsstrafen – zwischen fünf und zehn Jahren – plädiert, die Verteidigung in allen Fällen Freispruch verlangt. [...]

Streckenweise hörte sich die Urteilsbegründung wie eine Vorlesung über die Probleme von NS-Prozessen im allgemeinen und im besonderen zu jener Zeit an, da in der Presse die eine oder andere noch ausstehende Hauptverhandlung etwas gewaltsam als „einer der letzten großen NS-Prozesse" angekündigt wurde und zu der die Zahl der Mitarbeiter in der Ludwigsburger Zentralstelle schon erheblich verringert worden war. So meinte Richter Bogen, rund 35 Jahre nach der Tat sei „die Obergrenze" für die Aufklärung derartiger Verbrechen allmählich erreicht. Wenn die Hauptverhandlung zehn oder fünfzehn Jahre früher stattgefunden hätte, dann wäre die Wahrheitsauffindung wohl weniger zeitaufwändig und in jedem Fall „besser gewesen". So musste nun in zahlreichen Einzelpunkten der Anklageschrift der Grundsatz „im Zweifel für den Angeklagten" gelten.

Wie schon Kollegen vor ihm, hielt Richter Bogen die Anmerkung für erforderlich, dass diese Hauptverhandlung kein „politischer Prozess" gewesen sei, dass es der Kammer nur aufgetragen war, eine gerechte, strafrechtliche Würdigung zu finden. Und er hob hervor, dass hier auch keinesfalls ein Kriegsverbrecherprozess über die Bühne gegangen sei. Denn in solchen Verfahren gehe es lediglich um Taten, die in unmittelbarem Zusammenhang mit Kampfhandlungen gestanden hätten. Die Verbrechen, über die die Schwurgerichtskammer zu befinden hatte, hätten aber mit dem Zweiten Weltkrieg nur insofern zu tun gehabt, als sie eben während seiner Dauer verübt worden seien.

So gab sich das Gericht Mühe, in der Urteilsbegründung die allgemeinen Verhältnisse zu schildern, die den Rahmen bei dem Versuch bildeten, die strafrechtliche Schuld der einzelnen Angeklagten herauszufinden. Die Lage der Häftlinge, hob Bogen hervor, war von „völliger Recht- und Wehrlosigkeit gekennzeichnet", willkürliche Misshandlungen und Tötungen seien wie in allen anderen Konzentrationslagern an der Tagesordnung gewesen. Seit 1942 wurden auch weibliche Häftlinge im Lager bei Lublin untergebracht, deshalb hat man dort Aufseherinnen benötigt, die das Gericht allgemein beschrieb: durchweg jüngere Frauen ohne Berufsausbildung, die sich am Vorbild derjenigen orientierten, die schon länger in dem grausamen Gewerbe tätig waren, und deren von Hass und Verachtung bestimmte Haltung sie übernahmen.

Der besondere Zynismus der Nationalsozialisten in Konzentrationslagern, zu dessen bekanntestem Beispiel die Aufschrift „Arbeit macht frei" am Eingang zum KZ Auschwitz wurde, äußerte sich in Majdanek unter anderem darin, dass eine Massenerschießung von Juden unter der Bezeichnung „Aktion Erntedankfest" ablief. Von Oktober 1942 an wurden in dem Lager auch Massenmorde durch Vergasung verübt, wobei – so schilderte das Gericht – „durch Handbewegung" über Leben und Tod der Häftlinge entschieden wurde. Die Schwurgerichtskammer sah sich nicht in der Lage, die genaue Zahl der Ermordeten in Majdanek zu bestimmen, hielt aber für sicher, dass dort mindestens 200 000 Menschen, darunter wenigstens 70 000 Juden, umkamen. Es bestehe kein Zweifel daran, dass „unschuldige Menschen allein aus rassischen oder politischen Gründen getötet worden sind." […]

Auch dieses Gericht zog den Schluss, dass Hitler, Himmler, Göring und andere führende Männer des nationalsozialistischen Regimes die Haupttäter bei den Verbrechen gewesen seien, dass Leute wie etwa Lagerleiter den Typ des Mittäters im juristischen Sinne verkörpert hätten und dass die Angeklagten bis auf eine Ausnahme, da sie in untergeordneten Stellungen tätig waren, als Gehilfen anzusehen seien. Härter beurteilten die Richter allerdings die aus einer Wiener Arbeiterfamilie stammende Hermine Braunsteiner, die nach dem Kriege einen Amerikaner heiratete, mit ihm in New York lebte und in die Bundesrepublik ausgeliefert wurde, nachdem in den USA ihre Vergangenheit als KZ-Aufseherin in einem Verfahren erörtert worden war. Dieser „vom Charakter her ehrgeizigen Angeklagten" – und dieser Wesenszug wurde in der Urteilsbegründung mehrmals hervorgehoben – legt das Gericht angesichts ihres über das normale Maß hinausgehenden Identifizierung mit ihrer Rolle im SS-Staat Mittäterschaft zur Last.

Diese Frau, die wenig Gefallen an ihren früheren Berufen als Dienstmädchen und in einer Berliner Munitionsfabrik gefunden hatte, trat 1939 auf Anraten eines Polizeibeamten freiwillig den Dienst im Konzentrationslager Ravensbrück an, durchlief während ihrer Karriere mehrere Lager und erkannte sehr rasch nach ihrem Eintritt in die SS, dass sich dort Möglichkeiten „zur Befriedigung ihrer persönlichen und beruflichen Wünsche" bieten würden. Sie sei wegen ihrer besonders harten Dienstauffassung gefürchtet gewesen, habe weibliche Häftlinge zu schikanieren und misshandeln gesucht, wobei sie sich vor allem durch Tritte hervorgetan habe. Im Lager brachte ihr dies den Beinamen „tretende Stute" ein.

Die Berliner Arbeiterin Lächert, die zunächst in Fabriken arbeitete und 1942 in das Konzentrationslager Ravensbrück einberufen wurde, tat später unter anderem auch in Majdanek Dienst, wo sie sich nach Angaben des Gerichts neben Frau Ryan „zu einer der brutalsten und rücksichtslosesten Aufseherinnen" entwickelte. Bei dieser Angeklagten, die 1947 in Polen zu 15 Jahren Haft verurteilt, 1956 aber frühzeitig freigelassen wurde, vermochte das Gericht allerdings bestimmte Motivationen, besonders etwa genährt durch nationalsozialistische Gesinnung, nicht auszumachen. Möglicherweise, so ließen die Richter durchblicken, sei der Grund ihres damaligen Verhaltens in einer Art geistiger Primitivität zu suchen. […]

Wie schon Gerichte in anderen NS-Prozessen zog auch die Düsseldorfer Schwurgerichtskammer mit Nachdruck eine Schlussfolgerung: Eine „Zwangs- und Notstandssituation hat für keinen der Angeklagten bestanden". Sie seien „sämtlich den bequemsten und widerstandslosesten Weg gegangen". Dafür versuchten sie nun in ihrem Verfahren eine Haltung zu praktizieren, die das Gericht im Falle eines Angeklagten mit den Worten umschrieb: „Eine noch immer vorhandene Kameraderie." In der Hauptverhandlung sei das Bemühen der Angeklagten deutlich geworden, nicht nur sich selbst, sondern auch die anderen nicht zu belasten, nach Möglichkeit die Schuld auf nicht mehr lebende SS-Angehörige abzuschieben. [...]

Renz, Ulrich: Lauter pflichtbewusste Leute. Szenen aus NS-Prozessen. Köln (Bund Verlag) 1989. S. 108–114.

Text 14

Die Verarbeitung des Holocaust in der deutschen Literatur

Heinar Kipphardt: Bruder Eichmann (Schauspiel, 1983)

Der Kriegsverbrecher Adolf Eichmann wird vom israelischen Geheimdienst in Argentinien entführt. Im Untersuchungsgefängnis versuchen der Geheimdiensthauptmann Leo Chass und die Psychiaterin Frieda Schilch durch mehrere Gespräche mit ihm seine Persönlichkeit zu ergründen. Eichmann versucht sich als „Rädchen im Getriebe" zu rechtfertigen und erzählt, wie er nach einer starren protestantischen Erziehung durch rigorose Pflichterfüllung und bedingungslosen Gehorsam sowohl in seiner beruflichen Karriere bei einem Ölkonzern als auch in der NSDAP schnell aufsteigt. Er beteuert, nie Antisemit gewesen zu sein und als Leiter des Judenreferats den Befehlen Folge leistend nur für den Transport der Juden, nicht aber für ihre Tötung verantwortlich gewesen zu sein, und empfindet keine Schuld („Ich habe nichts Unrechtes getan."). Er verabschiedet sich von seiner Frau, gibt ihr Anweisung zur Erziehung der Kinder und wird – nach Ablehnung eines Gnadengesuchs – 1962 aufgehängt.

Imre Kertész: Roman eines Schicksallosen (Roman, 1973)

Der 15-jährige jüdische Gymnasiast György lebt in Budapest nach der Scheidung der Eltern bei seinem Vater. Dieser muss sich beim Arbeitsdienst melden, kurz darauf wird György zunächst zwangsweise als Hilfsarbeiter zum Wiederaufbau einer beim Bombenangriff zerstörten Rüstungsfabrik eingesetzt und dann nach Auschwitz-Birkenau abtransportiert. Der Rat eines Sträflings, als Alter sechzehn Jahre anzugeben, verhindert, dass er wie andere Kinder, Kranke oder Alte zur Vergasung ausgesondert wird. Er muss alle Kleider ausziehen und seine Körperhaare werden abrasiert. Am vierten Abend wird er in das Buchenwalder Nebenlager Zeitz zum Arbeitsdienst gebracht. Ein entzündetes Knie schneidet der KZ-Arzt ohne Betäubung auf, damit der Eiter abfließen kann. Als arbeitsunfähig muss er zurück nach Buchenwald. Nur die Befreiung des Lagers durch die Russen am Ende des Krieges kann verhindern, dass er medizinische Versuche über sich ergehen lassen muss. Er schlägt sich nach Budapest durch, wo er erfährt, dass sein Vater im Arbeitslager starb und seine Mutter wieder geheiratet hat. Weil er kein Geld hat, macht er sich zu Fuß auf den Weg zu ihr.

Peter Weiss: Die Ermittlung (Dokumentartheater, 1965)

Achtzehn Mitarbeitern des Konzentrationslagers Auschwitz wird vom Dezember 1963 bis August 1965 der Prozess gemacht. Aus Aussagen von Angeklagten und Zeugen, Anklägern, Richtern und Verteidigern, welche der Autor auf der Grundlage von Gedächtnisprotokollen, Prozessberichten der Presse und biographischen Aufzeichnungen des Lagerkommandanten Rudolf Höß zusammengestellt hat, wird der Prozess rekonstruiert, in dessen Verlauf sich die Angeklagten immer wieder darauf berufen, Befehle ausgeführt zu haben oder für die Gräuel im KZ nicht selbst zuständig gewesen zu sein. Herausgegriffen werden unter anderem das Schicksal der Lilli Tofler, die wegen eines an einen Mithäftling gerichteten Liebesbriefs erschossen wird, und des jungen Angeklagten Stark, der während eines Sonderurlaubs sein Abitur nachmachen konnte, aber seine geistige Unreife mit der politischen Schulung entschuldigt und ohne Einsicht in die Tragweite seines Tuns bleibt.

Bruno Apitz: Nackt unter Wölfen (Roman, 1958)

Während am Ende des Krieges die Alliierten vorrücken und die SS zunehmend in Panik gerät, bereitet das meist aus Kommunisten bestehende Lagerkomitee des KZ Buchenwald einen Aufstand vor. Der Waffenausbilder Höfel versteckt ein dreijähriges Kind, das von einem Juden aus Auschwitz eingeschmuggelt wurde, und gefährdet damit die Befreiung der 50 000 Häftlinge. Die SS erfährt von dem Kind, doch Höfel und ein Pole verraten trotz harter Folterungen und der Ermordung eines anderen Häftlings nichts. Nach der Befreiung des KZ wird das Kind als Symbol des Widerstands und der Menschlichkeit im Triumphzug aus dem Lager getragen.

Primo Levi: Ist das ein Mensch? (Autobiographischer Bericht, 1958)

Der italienische Jude Primo Levi wird 1944 als Mitglied der Resistenza verhaftet und nach Auschwitz gebracht. Dort erlebt er den Alltag der Häftlinge, der Wärter und der deutschen Wissenschaftler. Levi analysiert das Prinzip des Lagers als System der Entmenschlichung. Sein Leben verdankt er Lorenzo, einem italienischen Zivilisten, von dem er sechs Monate lang Brot, Essensreste und Kleidungsstücke bekommt. Die letzten zehn Tage vor der Befreiung des Lagers werden sehr genau dokumentiert. Auf die zentrale Frage des Titels findet er folgende Antwort: „Mensch ist, wer tötet. Mensch ist, wer Unrecht zufügt oder leidet. Kein Mensch ist, wer… sein Bett mit einem Leichnam teilt, und darauf gewartet hat, bis sein Nachbar im Sterben zu Ende ist, damit er ihm ein Viertel Brot abnehmen kann. Der ist, wenngleich ohne Schuld, vom Vorbild des denkenden Menschen weiter entfernt als der roheste Pygmäe und der grausamste Sadist."

Anna Seghers: Das siebte Kreuz (Roman, 1942)

Im Herbst des Jahres 1937 fliehen sieben Häftlinge aus dem Konzentrationslager Westhofen am Rhein. Der Lagerkommandant lässt daraufhin sieben Kreuze auf dem Tanzplatz des KZ errichten, um die anderen Insassen abzuschrecken. Die Gestapo fängt vier der Entflohenen ein, ein anderer stirbt, bevor er sein Heimatdorf erreicht, der sechste stellt sich freiwillig. Nur der Mechaniker Georg Heisler kann trotz eines feinmaschigen Netzes eines reibungslos funktionierenden Polizeiapparates aus Deutschland fliehen. Die Freunde, Verwandten und Gesinnungsgenossen, denen er begegnet, erkennen, dass es aus moralischen und emotionalen Gründen nötig sein kann, ihr eigenes Leben und das ihrer Angehörigen aufs Spiel zu setzen. Der Lagerkommandant wird abberufen, das siebte Kreuz bleibt leer und wird zum Symbol der Hoffnung und des Widerstands in einer Zeit scheinbar perfekt organisierten Terrors.

Albrecht Goes: Das Brandopfer (Erzählung, 1954)

Die Metzgerin Frau Walker leidet mit ihren jüdischen Kunden, welche sich in ihrem Laden treffen, bei ihr mit ihren Sorgen und Nöten auf ein offenes Ohr stoßen und ständig von Nazis beschimpft und gedemütigt werden. Doch sie muss hilflos zusehen, wie deren Zahl von Woche zu Woche weniger wird und wie viele wortkarg oder gar wortlos von ihr Abschied nehmen. Als ihr eines Tages eine hochschwangere Jüdin einen Kinderwagen schenkt, ist sie ihren Schuldgefühlen nicht mehr gewachsen. Deshalb flieht sie wenig später nicht aus ihrem brennenden Haus. Doch ein früherer Kunde rettet sie aus den Flammen und breitet schützend seinen Mantel mit dem gelben Davidstern über sie. Nur das Brandmal auf ihrem Gesicht erinnert später als „ein Zeichen der Liebe, jener Liebe, welche die Welt erhält" an ihre Aufopferung.

Ruth Klüger: weiter leben (Autobiographie, 1992)

Im Jahre 1931 in Wien geboren, erfährt Ruth Klüger schon sehr früh, dass jüdischen Kindern wie ihr verboten ist ins Schwimmbad zu gehen oder die Straßenbahn zu benutzen. Ihre ersten Leseübungen macht sie an judenfeindlichen Schildern. 1938 flieht ihr Vater von Italien nach Frankreich, wird 1944 gefasst und in Auschwitz ermordet. Ruth und ihre Mutter werden 1942 nach Theresienstadt deportiert. Zunächst wird Ruth von ihrer Mutter getrennt und in ein Kinderheim gesteckt. 1944 kommen beide ins KZ Auschwitz-Birkenau, wo sie Hunger, Durst und die Ermordung von Häftlingen miterleben. Ruth geht mit ihrer Mutter ins Zwangsarbeitslager Christianstadt, weil sie ihr Alter bei der Selektion mit „fünfzehn" angibt. Dort muss Ruth die harte Arbeit von Männern verrichten. Als die SS 1945 das Lager räumt, nutzen Ruth und ihre Mutter das Durcheinander, um nach Deutschland zu fliehen. Ein Pastor stellt ihnen falsche Papiere aus. Zunächst leben sie in Straubing. 1947 wandern sie nach Amerika aus.

Text 15

EICHMANN:	[...] Da war eine Grube gewesen, die war aber schon zu. Da quoll wie ein Geysir ein Blut – wie soll ich sagen, ein Blutstrahl heraus. Das hat mir wieder gereicht, ich bin nach Berlin gefahren und habe das Gruppenführer Müller berichtet.
CHASS:	Was haben Sie ihm gesagt?
EICHMANN:	„Das ist keine Lösung der Judenfrage, das ist keine Lösung. Von allem abgesehen", sagte ich, „erziehen wir unsere Leute obendrein zu Sadisten, wir brauchen uns gar nicht wundern, wenn das lauter Verbrecher werden, lauter Verbrecher."
CHASS:	Und Müller?
EICHMANN:	Hat mich angesehen mit einer Miene, von der ich las: Eichmann hat recht, ist keine Lösung. Aber er konnte auch nichts machen, auch Müller nicht, war Befehl gewesen.
CHASS:	Von wem war das befohlen?
EICHMANN:	Befohlen, selbstverständlich, hats der Chef der Sicherheitspolizei und des SD, Heydrich, der aber seine Weisungen, ganz klar, vom Reichsführer SS gehabt haben muss, also Himmler, und der wiederum von Hitler ausdrückliche Weisung, denn sonst, wenn nicht, wäre er ja doch, wäre er ja doch mit Bomben und Granaten irgendwo abgesaust.
CHASS:	Hat Müller Sie nicht gefragt, wie man das besser lösen könnte?
EICHMANN:	Nein, Herr Hauptmann. Da ja auch Müller nichts damit zu tun hatte. Wir hatten nie, nie, nie etwas mit der Tötung zu tun, wir hatten mit der Konzentrierung zu tun, und dass die Züge bereitgestellt wurden, dass sie dorthin kamen, wo es befohlen war.
CHASS:	In die Gaskammern der Vernichtungslager!
EICHMANN:	Es wurde ja nicht alles getötet, Herr Hauptmann, was arbeitsfähig war, zur Arbeit.
CHASS *(schreit)*:	Halten Sie Ihren Mund! Halten Sie Ihren Mund! Halten Sie Ihren Mund! – Entschuldigung, meine Familie – Entschuldigung.
EICHMANN:	Schrecklich! Es ist das alles doch ganz schrecklich! –
CHASS:	Sie lügen! Sie heucheln! Sie winden sich heraus! Wenn es nach Ihnen ginge, dann wäre niemand, niemand, dann wäre nur Hitler zur Verantwortung zu ziehen und der hat sich vergiftet!
EICHMANN:	Ich lüge nicht, ich heuchle nicht, ich winde mich nicht heraus! Wenn ich hier Rede und Antwort stehe, so einzig um der Wahrheitsfindung willen. Verantwortung und Gewissen hat die befehlsgebende Ebene, die Einfluss auf die Befehlsgebung hatte, aufwärts vom General.

Heinar Kipphardt: Bruder Eichmann. Schauspiel und Materialien.
© 1986 by Rowohlt Verlag GmbH, Reinbek

Text 16

Ich erinnerte mich an einen Sommernachmittag, wie ich im schattigen Zimmer einen aufregenden Roman las, während meine Hand mit wohltuender Zerstreutheit die nachgiebig glatte, goldflaumige Haut meiner von Muskeln gespannten, sonnengebräunten Oberschenkel streichelte. Jetzt hing dieselbe Haut schlaff und faltig hinunter, war gelb und ausgedörrt, bedeckt mit allerlei Geschwüren, braunen Ringen, Rissen und Sprüngen, Falten und Schuppen, die besonders zwischen den Fingern unangenehm juckten. „Krätze", stellte Bandi Citrom mit sachverständigem Kopfnicken fest, als ich es ihm zeigte. Ich konnte nur so staunen über die Geschwindigkeit, das entfesselte Tempo, mit dem die deckende Schicht, die Elastizität, das Fleisch von meinen Knochen dahinschwand, schmolz, abfaulte und allmählich ganz verschwand. Täglich wurde ich von etwas Neuem überrascht, von einem neuen Makel, einer neuen Scheußlichkeit an diesem immer merkwürdiger, immer fremder werdenden Gegenstand, der einst mein guter Freund: mein Körper gewesen war. [...]

Überhaupt konnte ich mich mit den Kleidungsstücken, mit denen ich im Konzentrationslager ausgestattet worden war, nicht verstehen: es fehlte ihnen an Zweckmäßigkeit, dafür besaßen sie viele Mängel, ja, sie wurden geradezu zu einem Quell von Unannehmlichkeiten – ich kann allgemein sagen: sie bewährten sich nicht. So etwa verwandelt sich zur Zeit des grauen Nieselregens – der mit dem Wechsel der Jahreszeit ein dauernder wird – das Drillichzeug in ein steifes Ofenrohr, dessen nasser Berührung unsere von Schaudern überlaufene Haut nach Möglichkeit auszuweichen versucht – vergeblich natürlich. Auch der Sträflingskittel – den sie, das ist unbestreitbar, pflichtschuldig ausgeteilt haben – nützt da nichts, er ist nur ein weiteres Joch, eine weitere nasse Schicht, und nach meiner Ansicht ist auch das grobe Papier der Zementsäcke keine Lösung, wie es sich Bandi Citrom, ähnlich wie viele andere, geschnappt hat und nun unter den Kleidern trägt, allem Risiko zum Trotz, denn solche Vergehen kommen schnell ans Licht: ein Stockschlag auf den Rücken, einer auf die Brust, und das Knistern bringt die Tat sogleich an den Tag. Knistert das Papier aber nicht mehr, wozu dann – frage ich – diese zu Brei gewordene neue Tortur, die man zudem nur noch heimlich wieder loswerden kann? [...]

Und zuletzt sind da – erwartet oder unerwartet, herausgefordert oder eben gemieden – immer und überall die Schläge. Auch davon habe ich meinen Teil abbekommen, versteht sich, aber nicht mehr – und auch nicht weniger – als üblich, durchschnittlich, alltäglich war, nicht mehr als sonst jemand, sonst jeder von uns Prügel erhielt, soviel also, wie nicht mit einem eigenen, persönlichen Missgeschick, sondern einfach mit den gewohnten Bedingungen im Lager einhergeht. Nur das ist eine Unstimmigkeit, wenn ich berichten muss, dass mir Prügel einmal auch nicht durch einen dazu eher berufenen, eher berechtigten, eher verpflichteten – oder wie ich es sagen soll – SS-Mann zuteil geworden sind, sondern einen Soldaten in gelber Uniform, der, so hörte ich, einer etwas undurchsichtigeren Organisation namens „Todt", einer Art Arbeitsaufsicht, angehörte. Er war gerade anwesend und sah – begleitet von was für einer Stimme, von was für einem Sprung –, wie ich den Zementsack fallen ließ. Tatsächlich, Zementschleppen war in jedem Kommando – völlig zu Recht, wie ich fand – nur mit der Freude zu begrüßen, die seltenen Gelegenheiten gebührt und die man sich auch untereinander kaum eingesteht. Man neigt den Kopf, jemand lädt einem den Sack auf den Nacken, man wandert zu einem Lastwagen, dort nimmt einem ein anderer den Sack wieder ab, dann trottet man mit einem schönen großen Umweg, dessen Grenzen von den augenblicklichen Gegebenheiten gesteckt sind, wieder zurück, und im Glücksfall stehen vor einem sogar noch welche an, so dass man noch mehr Zeit herausschinden kann bis zum nächsten Sack. Nun wiegt so ein Sack insgesamt etwa zehn bis fünfzehn Kilo – ein Kinderspiel unter heimischen Verhältnissen, da könnte ich sogar noch Ball damit spielen: hier aber stolperte ich, ließ ihn fallen. Und vor allem sprang auch das Papier des Sackes auf, und der Inhalt, das Material, der Wert, der teure Zement rann durch den Schlitz heraus und staubte über den Boden. Schon war er da, schon spürte ich seine Faust im Gesicht und dann, nachdem er mich niedergeschlagen hatte, auch seine Stiefel in den Rippen und im Nacken seine Hände, wie er mir das Gesicht immer wieder zu Boden drückte, in den Zement: ich solle ihn aufnehmen, zusammenkratzen, auflecken – verlangte er unsinnigerweise, Dann zerrte er mich wieder hoch: „Dir werd ich's zeigen, Arschloch, Scheißkerl, verfluchter Judenhund", so dass ich nie wieder einen Sack fallen ließe, wie er versprach. Von da an lud er mir bei jeder Wende persönlich den Sack auf den Nacken, nur um mich kümmerte er sich, nur ich gab ihm zu tun, nur mich verfolgte er mit den Blicken bis zum Wagen und zurück, und mich holte er nach vorn, auch wenn der Reihe und der Gerechtigkeit nach andere drangewesen wären.

Imre Kertész: Roman eines Schicksallosen.
Deutsche Übersetzung von Christina Viragh.
© 1996 Rowohlt Verlag GmbH, Reinbek

Text 17

ZEUGE 8: Ich wurde verurteilt zu 30 mal Stehzelle. Das bedeutete tagsüber Strafarbeit und nachts die Zelle.

RICHTER: Was war der Grund der Verurteilung?

ZEUGE 8: Ich hatte mich zweimal bei der Essensausgabe angestellt.

RICHTER: Waren Sie allein in der Zelle?

ZEUGE 8: Anfangs war ich allein. Während der letzten Woche standen wir dort zu viert.

RICHTER: Gab es Häftlinge die Tag und Nacht in der Stehzelle waren?

ZEUGE 8: Das war die häufigste Art der Verurteilung. Die Systeme waren verschieden. Einige erhielten dort nur alle 2 oder 3 Tage etwas zu essen, andere erhielten keine Verpflegung. Diese waren zum Hungertod verurteilt. Mein Freund Kurt Pachala starb in der Zelle nebenan nach 15 Tagen. Er aß zuletzt seine Schuhe auf. Er starb am 14. Januar 1943. Ich erinnere mich daran, denn es war mein Geburtstag. Wer zum Stehbunker ohne Verpflegung verurteilt war, konnte schreien und fluchen so viel er wollte. Die Tür wurde nie geöffnet. In den ersten 5 Nächten schrie er laut. Dann hörte der Hunger auf, und der Durst nahm überhand. Er stöhnte, bat und flehte. Er trank seinen Urin und leckte die Wände ab. 13 Tage dauerte die Durstzeit. Dann war nichts mehr zu hören. Es dauerte über zwei Wochen, bis er tot war. Aus den Stehzellen mussten die Leichen mit Stangen herausgekratzt werden.

[…]

RICHTER: Angeklagter Schlage. Haben Sie Häftlinge in den Stehzellen verhungern lassen?

ANGEKLAGTER 14: Herr Direktor. Ich bitte folgendes zu Gehör zu bringen. Ich war in Block Elf nur Schließer. Ich bekam meine Befehle von meinen Vorgesetzten und daran hatte ich mich zu halten. Für alles, was im Bunker geschah, war nicht ich, sondern der Arrestverwalter verantwortlich.

Peter Weiss: Spectaculum 33. Vier moderne Theaterstücke © Suhrkamp Verlag Frankfurt am Main 1980. Alle Rechte bei und vorbehalten durch Suhrkamp Verlag Berlin. S. 269 ff.

ANKLÄGER: Wozu diente Ihrer Ansicht nach das Lager?

ANGEKLAGTER 1: In einem Schutzhaftlager sollten Staatsfeinde zu einer anderen Denkungsweise erzogen werden. Es war nicht meine Aufgabe, dies in Frage zu stellen.

ANKLÄGER: Wussten Sie, was die Bezeichnung „Sonderbehandlung" bedeutete?

ANGEKLAGTER 1: Das war eine geheime Reichssache. Ich konnte davon nichts wissen. Wer darüber etwas äußerte, war mit dem Tod bedroht.

ANKLÄGER: Sie wussten aber doch davon?

ANGEKLAGTER 1: Darauf kann ich keine Antwort geben.

ANKLÄGER: Erfuhren Sie nichts davon, dass täglich 100 oder 200 Häftlinge starben?

ANGEKLAGTER 1: Ich kann mich nicht erinnern, fortlaufende Stärkemeldungen gesehen zu haben. Am Tag gab es so 10 bis 15 Abgänge, aber Zahlen von der Größe wie sie hier genannt werden, habe ich damals nicht gehört.

ANKLÄGER: Angeklagter Mulka, wussten Sie nicht von den Massentötungen in den Gaskammern?

ANGEKLAGTER 1: Davon war mir nichts bekannt.

ANKLÄGER: Ist Ihnen nicht der Rauch aus den Schornsteinen der Krematorien aufgefallen, der doch kilometerweit zu sehen war?

ANGEKLAGTER 1: Es war ja ein großes Lager mit einem natürlichen Abgang. Da wurden eben die Toten verbrannt.

Peter Weiss: Die Ermittlung. Oratorium in 11 Gesängen © Suhrkamp Verlag Frankfurt am Main 1965. Alle Rechte bei und vorbehalten durch Suhrkamp Verlag Berlin

Text 18

Schon sprang Pippig auf den Weg. Kropinski ihm nach. Sie hielten sich hinter drei Häftlingen, die zum Revier gingen. Zwei von ihnen hatten sich gegen den Regen vermummt. Kaum waren sie einige Schritte gegangen, als Kropinski Pippig am Arm packte. „SS!"
Tatsächlich kamen ihnen in einiger Entfernung zwei Scharführer entgegen. Pippig erschrak nicht weniger als Kropinski, doch seine im Lager erworbene Geistesgegenwart ließ ihn in Sekundenschnelle reagieren. Noch ehe die Scharführer nahe genug heran waren, hatte sich Pippig den Sack auf die Schulter gehoben und sich den überhängenden Teil desselben über den Kopf geworfen. Er fühlte, wie sich der Körper des Kindes an den seinen drückte und die Händchen unter dem Sack versuchten, sich anzuklammern. Als gleichsam Vermummter dirigierte er sich geschickt an den Scharführern vorbei, die drei Häftlinge als Deckung benutzend. Die Scharführer hatten den Vorgang nicht bemerkt, sie stapften verdrießlich den regennassen Weg hinaus.
Endlich konnten sie nach dem Kleinen Lager abbiegen, hinter dessen Stacheldraht waren sie in Sicherheit. Hierher kam keine SS. Die Baracke 61 war einer jener fensterlosen Pferdeställe. Ein entsetzlicher Geruch schlug den beiden entgegen, als die den düsteren Raum betraten, der von ein paar armseligen Glühbirnen notdürftig erhellt wurde. Die ganze Fläche der Baracke war mit Strohsäcken belegt. Zidkowski und seine Helfer mussten haushalten mit dem kargen Raum und jedes Fleckchen ausnutzen, um alle Kranken unterzubringen. Die Sterbenden lagen auf den Strohsäcken. Es war weniger umständlich, einen Toten von ebener Erde nach draußen zu tragen, als ihn aus einem Fach der dreifach gestaffelten Holzgestelle zu zerren, die sich längs der Wände hinzogen. Hier waren die „leichteren" Fälle untergebracht. Zweifellos hätten sie der Strohsäcke dringender bedurft als die Sterbenden, die ohnehin nicht mehr lange mitmachten. Doch diese lagen ausnahmslos auf dem weichen Lager. Hier hatte nicht das vernünftige Denken, sondern das unvernünftige menschliche Gefühl entschieden, und die „leichteren" Fälle lagen deshalb auf blanken Brettern, mit einer zerschlissenen Decke oder einem alten Zebramantel gegen die Kälte geschützt. –

Stumpf und starr lagen die Kranken, die „leichten" und die sterbenden, denen der Tod voreilig die Züge geprägt hatte, und das Leben war nur in einem kindhaften Wimmern oder in einem rasselnden Atemzug vernehmbar.
Pippig und Kropinski hasteten durch den schmalen Gang, den die Strohsäcke eben noch freiließen, nach vorn. Ein polnischer Pfleger trat aus einem Verschlag und sah ihnen entgegen. Mit ihm verschwanden die beiden hinter dem Verschlag. Zidkowski war auf ihr Kommen vorbereitet. Er half Pippig, den Kleinen aus dem Sack zu befreien, nahm das Kind mit väterlichen Händen hoch und setzte es behutsam auf die Bettstatt. Alle Männer standen um das Wesen herum und lächelten es neugierig an. Das Kind, noch von den Ereignissen erschüttert, blickte ängstlich auf die fremden Gestalten. Es wollte weinen und streckte sehnsüchtig die Ärmchen nach Kropinski aus. Pippig drängte. Sie mussten Abschied nehmen.
Als die beiden auf dem Wege zu ihren Baracken waren, stöhnte Kropinski auf: „Ich kann nicht vergessen die beiden Scharführer. Was würde sein gekommen, wenn sie dich gefragt hätten: Was haben Sie da im Sack? Oh, oh …"
Er konnte den überstandenen Schreck noch nicht verwinden, darum klopfte ihm Pippig beruhigend auf den Buckel.
„Hab keine Bange, Marian, der liebe Gott verläßt keinen Freidenker."

Bruno Apitz. Nackt unter Wölfen. Roman
© Aufbau Verlag GmbH & Co. KG, Berlin 1997, 2012

Text 19

Wer mein Bettkamerad ist, weiß ich nicht. Ich bin nicht einmal sicher, dass er immer ein und derselbe ist, denn ich habe ihn nie von Angesicht gesehen, es sei denn für kurze Augenblicke mitten im Aufruhr des Weckens, so dass ich seinen Rücken und seine Füße weit besser als sein Gesicht kenne. Er arbeitet nicht in meinem Kommando und kommt erst ins Bett, wenn Stillschweigen befohlen ist; er rollt sich in die Decke, schubst mich mit seinen knochigen Hüften beiseite, dreht mir den Rücken zu und fängt augenblicklich zu schnarchen an. Rücken gegen Rücken versuche ich, mir einen angemessenen Platz auf dem Strohsack zu erkämpfen; mit meinem Kreuz drücke ich immer stärker gegen sein Kreuz, dann drehe ich mich andersherum und nehme die Knie zu Hilfe, ergreife seine Füße und bemühe mich, sie etwas von meinem Gesicht wegzuschieben. Aber alles ist vergeblich, denn er ist bedeutend schwerer als ich, und der Schlaf scheint ihn versteinert zu haben.

Da bleibe ich eben so liegen, zur Regungslosigkeit verdammt und halb auf der Holzkante. Immerhin bin ich dermaßen müde, dass auch ich bald dem Schlaf verfalle, und mir ist, als läge ich auf Eisenbahnschienen. […]

Kraft jener geheimnisvollen Fähigkeit, die vielen bekannt ist, sind wir in der Lage, auch ohne Uhr ziemlich genau vorauszusehen, wann es soweit ist; zur Stunde des Weckens, die sich von Jahreszeit zu Jahreszeit verschiebt, jedenfalls immer eine ganze Weile vor dem Morgengrauen angesetzt ist, bimmelt anhaltend die kleine Glocke im Lager, und dann beendet in jeder Baracke die Nachtwache ihren Dienst. Sie macht Licht, steht auf, reckt sich und verkündet die tagtägliche Verdammung: „Aufstehen!" oder, häufiger noch, auf polnisch: „Wstavac!"

Nur ganz wenige erwarten schlafend das Wstavac: Es ist ein Augenblick allzu heftigen Schmerzes, und selbst der tiefste Schlaf muss sich bei seinem Herankommen verflüchtigen. Der Nachtwache ist das wohlbekannt, und deshalb spricht sie es nicht im Befehlston, sondern leise und verhalten aus, wissend, dass die Verkündigung offene Ohren findet und augenblicklich vernommen und befolgt wird. […]

Ein Tag wie jeder andere fängt an, so lang, dass man sich vernünftigerweise sein Ende gar nicht vorstellen kann, bei aller Kälte, all dem Hunger, all der Plackerei, die uns davon trennen. Darum ist es besser, man konzentriert sein Augenmerk und seine Erwartung auf das kantige Stück Brot, das zwar klein ist, doch in einer Stunde gewiss uns gehören und fünf Minuten lang, bis wir es verdrückt haben, alles vorstellen wird, was uns das Gesetz dieses Ortes zu besitzen erlaubt.

Beim Wstavac bricht der Aufruhr wieder los. Die ganze Baracke verfällt jäh in eine frenetische Geschäftigkeit: Jedermann klettert auf und ab, macht sein Bett und versucht, sich zur gleichen Zeit anzuziehen, so dass nichts von seinen Dingen unbewacht bleibt: die Luft füllt sich bis zur Undurchsichtigkeit mit Staub; und die Raschesten drängen sich mit Ellenbogen durch das Gewühle, um zum Waschraum und zur Latrine zu kommen, ehe sich dort eine Schlange gebildet hat. Sofort erscheinen die Ausfeger und jagen, dreinschlagend und schreiend, alle hinaus.

Sowie ich mein Bett gemacht und mich angezogen habe, steige ich auf den Fußboden hinunter und fahre in die Schuhe. Dann öffnen sich wieder die Wunden an meinen Füßen, ein neuer Tag beginnt.

Primo Levi: Ist das ein Mensch? Die Atempause, München: Carl Hanser, 1992, S.67–75.

Text 20

1 Er war also doch gefangen. Sie stießen ihn in die Baracke acht. Er blutete schon aus vielen Wunden, aber aus Furcht vor dem, was jetzt kommen musste, spürte er keine Schmerzen. Er sagte zu sich: Mut, Georg. Aber er wusste, dass ihm in dieser Baracke das Furchtbarste bevorstand. Da war es auch schon.

5 Hinter dem Tisch, der mit elektrischen Schnüren bedeckt war und mit Telefonanlagen, sonst aber mehr einem Wirtshaustisch glich – es gab auch zwischen den Drähten ein paar Pappdeckeluntersätze für Biergläser –, saß Fahrenberg selbst und starrte ihn an mit engen, spitzigen Augen, mit einem gefrorenen Lachen. Rechts und links saßen Bunsen und Zillich und drehten die Köpfe nach ihm. Bunsen lachte auf. Aber Zillich blieb finster wie immer. Er zählte ein Kartenspiel aus. Es war dunkel im
10 Zimmer, nur über dem Tisch war es etwas heller, obwohl Georg keine Lampe sah. Einer der Drähte war dreimal um Zillichs mächtigen Rumpf geschlungen, was Georg vor Entsetzen eiskalt machte. Er dachte gleichwohl ganz klar: sie spielen wirklich mit Zillich Karten. An einzelnen Tischen sind also die Klassenunterschiede doch aufgehoben.
„Komm näher", sagte Fahrenberg. Aber Georg blieb stehen aus Trotz, und weil ihm die Knie zitterten.
15 Er wartete, dass ihn Fahrenberg anbrüllen würde, doch Fahrenberg blinzelte nur in unbegreiflichem Einverständnis. Da wusste Georg, dass sich diese drei etwas Neues ausgeheckt hatten – etwas ganz besonders Niederträchtiges, Tückisches, etwas, was ihn in der nächsten Sekunde endgültig treffen würde im Fleisch und in der Seele. Doch die Sekunde verrann, sie sahen ihn alle drei nur an. – Sei auf der Hut, sagte sich Georg, nimm deine letzten Kräfte zusammen. Da entstand ein ganz feines Ge-
20 räusch, als wenn Knochen knirschten oder sehr trockene Hölzer. Georg stutzte, er sah von einem zum andern. Da begann er zu merken, dass der Zillich in seiner ihm zugewandten Backe eine Delle hatte, als ob sein Fleisch im Schwinden sei, und ein Ohr an Bunsens schönem, länglichem Schädel war im Abbröckeln und ein Stück seiner Stirn. Georg begriff, dass alle drei tot waren, wie sie da saßen, und auch er, den sie da empfingen in ihrer ewigen Eintracht, auch Georg war schon tot.

Anna Seghers. Das siebte Kreuz. Ein Roman aus Hitlerdeutschland © Aufbau Verlag GmbH & Co. KG, Berlin 1992

Text 21

1 Aber an diesem Abend wurde es ernst. Ich hörte die Einschläge ganz in der Nähe, und mir fiel der Sammelbunker ein, der im Haus schräg gegenüber eingerichtet war, es war ein allgemeiner Zufluchtsort. Dorthin eilte ich, so wie ich war – aber auf der Treppe kehrte ich noch einmal um und holte meinen Mantel. Oft habe ich später denken müssen, wie anders diese letzte Nacht dahingegangen wäre,
5 hätte ich nicht da noch meinen Mantel geholt. Ich wäre wohl unbehelligt in den Bunker gekommen und auch unverletzt wieder in meine Kammer nach Hause, denn es traf in dieser Nacht weder den Bunker noch unser Haus. So aber trug ich den Mantel und am Mantel den Stern; der Luftschutzwart im Sammelbunker entdeckte ihn auf den ersten Blick, gleich unter der Tür – und er verwehrte mir den Zutritt. Es war ein schlimmer Augenblick, ich will nicht mehr an ihn denken. Als ich wieder auf die
10 Straße hinauskam, hatte ein Feuerschein das Dunkel erhellt, Qualm und Brandgeruch drang herzu, und ich ging ihm nach. Warum ich ihm nachging – ich weiß es nicht, ich werde es nie wissen.

Albrecht Goes: Das Brandopfer © S. Fischer Verlag GmbH, Frankfurt am Main 1954

Text 22

Selektion, es sollte eine Selektion geben, Frauen von 15 bis 45 sollten sich zu einem Arbeitstransport melden, antreten in einer bestimmten Baracke, zu einem bestimmten Termin. Es gab welche, die konstatierten, bislang sei es immer noch schlimmer, nie besser geworden, und sich dementsprechend vor der Selektion drückten, nicht antraten. Meine Mutter war anderer Meinung. Schlimmer als hier könne es nicht werden. Die Alternative sei das Leben. Doch das Wort Selektion hatte in Auschwitz einen bösen Klang. Man konnte keineswegs sicher sein, dass es wirklich eine Selektion für ein Arbeitslager und nicht eine für die Gaskammer war. Arbeitslager war logisch, denn warum sonst die Altersgrenzen? Andererseits war Logik nicht das Grundprinzip dieser Ortschaft. [...]

Mit dem Rücken zum hinteren Tor der Baracke stand an beiden Seiten des „Kamins", der sich der Länge nach durch die Baracke zog, je ein SS-Mann. Vor jedem eine Schlange nackter Frauen. Der, dem ich mich stellte, hatte ein rundes, böses Maskengesicht. Er war groß, ich musste zu ihm hoch aufschauen. Ich sagte mein Alter, er wies mich ab, mit einem Kopfschütteln, einfach so. Neben ihm stand eine Schreiberin, die sollte meine Nummer nicht aufschreiben. Abgelehnt. In seinem Kopfschütteln lag der Beweis dafür, dass ich mir mein Leben erschlichen hatte, es wie einen unerlaubten Text nicht weiter lesen sollte, wie die Bibel, die mir ein Onkel aus der Hand genommen hatte. – Kafkas Türhüter, der dem Menschen sein eigenes Licht im eigensten Raum verwehrt, stell ich mir so vor.

Meine Mutter war für den Transport gewählt worden, sie war ja das richtige Alter, eine erwachsene Frau. Ihre Nummer war aufgeschrieben worden, sie würde das Lager in Kürze verlassen. Wir standen auf der Lagerstraße und diskutierten. Sie versuchte mich zu überreden, dass ich es nochmals, in der anderen Schlange, versuchen sollte.

Im Juni 1944 war es sehr heiß, die Barackentüren, auch die hinteren, standen daher offen. Zwar war dieser hintere Eingang bewacht, aber die Wache bestand aus Häftlingen, und meine Mutter meinte, ich könne mich da wohl vorbeischlängeln und diesmal zu dem anderen SS-Mann gehen. Und diesmal bitte nicht so blöd sein zu sagen, ich sei erst zwölf. Es kam zu einem Streit zwischen ihr und mir. „Aber ich seh doch nicht älter aus", sagte ich verzweifelt. Ich hatte das Gefühl, sie wolle mich in eine große Unannehmlichkeit hineinreiten, so wie vor ein paar Jahren in Wien, als sie mich trotz des Verbots ins Kino schickte. Der Unterschied zwischen Zwölf und Fünfzehn ist riesig für eine Zwölfjährige. [...]

Die selektierenden SS-Männer und ihre Gehilfen standen mit dem Rücken zu mir. Ich ging schnell und unauffällig auf die vordere Tür zu, zog mich dort nochmals wie vorgeschrieben aus und stellte mich aufatmend in die Reihe des anderen SS-Manns. Ich hatte es geschafft und freute mich, gegen die Regeln verstoßen zu haben. Feig nennen konnte mich meine Mutter nicht mehr, aber ich war die kleinste und offensichtlich die jüngste in der Reihe, ein Kind, unterentwickelt, unterernährt, ganz vorpubertär. [...]

Neben dem amtierenden SS-Mann, der sitzend, locker und gut gelaunt, gelegentlich eines der nackten jungen Mädchen Turnübungen vorführen ließ, vermutlich um der langweiligen Beschäftigung etwas Vergnügen abzugewinnen, stand die Schreiberin, ein Häftling. Wie alt mag sie gewesen sein, neunzehn, zwanzig? Die sah mich in der Reihe stehen, als ich schon praktisch vorne war. Da verließ sie ihren Posten, und fast in Hörweite des SS-Mannes ging sie schnell auf mich zu und fragte halblaut, mit einem unvergesslichen Lächeln ihrer unregelmäßigen Zähne:
„Wie alt bist du?"
„Dreizehn."
Und sie, mich nachdrücklich mit den Augen fixierend, ganz eindringlich: „Sag, dass du fünfzehn bist."

Zwei Minuten später war ich dran, schielte noch schnell zu der anderen Reihe hin, ängstlich, der zweite SS-Mann könnte zufällig herüberschauen und mich als eine erkennen, die schon abgelehnt worden war. Der war jedoch mit seiner eigenen Arbeit beschäftigt. Fraglich ist es auch, ob er mich bei einem eventuellen Seitenblick erkannt hätte. Denn wir verschwammen ihm sicher zu einem Brei von Untermenschentum. Auf die Frage nach meinem Alter gab ich die entscheidende Antwort, die ich meiner Mutter nicht abgenommen hatte, wohl aber dieser jungen Frau, die rechts neben dem Meister aus Deutschland stand. „Fünfzehn bin ich."

„Die ist aber noch sehr klein", bemerkte der Herr über Leben und Tod, nicht unfreundlich, eher wie man Kühe und Kälber besichtigt.

Ruth Klüger: weiter leben. Eine Jugend.
© Wallstein Verlag Göttingen 1992

Text 23

Aber während noch die Nürnberger Kriegsverbrecherprozesse im Gange waren und die Greueltaten der nationalsozialistischen Herrschaft aufgedeckt wurden, gewannen Verleugnung und Rationalisierungen die Oberhand. Verstärkt wurden diese Einstellungen noch dadurch, dass die meisten Deutschen ganz in ihrem eigenen Nachkriegselend aufgingen: der enormen Zerstörung der Städte, dem Zustrom von Millionen von Heimatvertriebenen und ‚displaced persons', der Lebensmittelknappheit und den allgemein chaotischen Zuständen im Lande. Für die meisten Deutschen gab es nur drei Fragen: Wo bekomme ich etwas zu essen her? Wo finde ich ein Dach über dem Kopf? Wo sind meine Angehörigen? […]

Während die deutschen Städte in Schutt und Asche lagen, suchte die „Trümmerliteratur" nach Mitteln und Wegen, um das Leiden der deutschen Bevölkerung während und nach dem Krieg zu beschreiben. […]

Die Blechtrommel von Günter Grass, 1959 erschienen, beschließt den literarischen Aufbruch der fünfziger Jahre mit einem Paukenschlag: Es war der erste westdeutsche Roman, der auch international Beifall fand. Allen diesen Romanen gemeinsam ist die ausgeprägte Kritik an der bundesdeutschen Gesellschaft im Übergang von der Nazi- in die Nachkriegszeit.

Als durch zielstrebige Wiederaufbauanstrengungen die Trümmer verschwanden, gewann das später so genannte „Wirtschaftswunder" Gestalt, und die Trümmerliteratur versiegte. Anstatt der Frage nachzugehen, wodurch die nationalsozialistische Herrschaft so mächtig geworden war und wie ihre Verbrechen und Greueltaten hatten geschehen können, steckten die Deutschen ihre ganze Energie in den wirtschaftlichen Wiederaufbau. Niemand stellte Fragen nach den Ursachen der Konsolidierung von Hitlers Macht oder nach den Gründen des Krieges, nach der Rolle des einzelnen deutschen Staatsbürgers in jenen Jahren, nach den Konzentrationslagern oder nach dem Schicksal der Millionen von Verschwundenen. Durch den Jerusalemer Eichmann-Prozess von 1961 und die Frankfurter Auschwitz-Prozesse von 1963 bis 1965 wurden die Greueltaten des Holocaust publik. Die dramatischen Aussagen vor Gericht waren von einer Unmittelbarkeit, die keine Verdrängung zuließ, während die historischen Dokumente und die Autorität der Zeugen kein Ausweichen und keine Ausflüchte erlaubten. Zwar behaupteten sich langfristig Strategien des Leugnens und Umgehens, aber die Art des Schweigens änderte sich. Die gleichzeitigen Debatten um die Aufhebung der Verjährung nationalsozialistischer Verbrechen im Jahre 1965 sensibilisierten gerade, als die Auschwitz-Prozesse zu Ende gingen, eine neue Generation zusätzlich für den Völkermord an den Juden. Nach intensiven Debatten beschloss der Bundestag, die Verjährungsfrist für Verbrechen im Zusammenhang mit Völkermord um vier Jahre zu verlängern.

Das Gerichtsdrama dieser Prozesse inspirierte naheliegenderweise zuerst die Dramatiker. Gerichtsdokumente lieferten nicht nur eine Sprache, sondern auch die Autorität des Faktischen und damit eine Alternative zu subjektiv befangenen Erzählern und einem relativierenden Multiperspektivismus. Das Dokumentardrama konnte jetzt, frei von Zweideutigkeit, aggressiver werden. In rascher Folge erschienen Rolf Hochhuths *Der Stellvertreter* (1963), Heinar Kipphardts *In der Sache J. Robert Oppenheimer* (1964), Peter Weiss´ *Die Ermittlung* sowie Kipphardts *Joel Brand* (beide 1965) und Hochhuths *Soldaten* (1967).

[…] Die deutschen Studenten der sechziger Jahre waren die erste Nachkriegsgeneration, die nichts mit den Verbrechen der nationalsozialistischen Herrschaft zu tun hatte. Und wenn sie sich dem Holocaust stellen wollten, schützte sie ihre linke Gesinnung vor der Notwendigkeit, sich mit der nationalsozialistischen Vergangenheit und ihrem Erbe auseinanderzusetzen. Ihre Rechnung war einfach: Der Holocaust war eine Frucht des Faschismus, und Faschismus war die reaktionärste und imperialistischste Erscheinungsform des Kapitalismus. Das Wichtigste war daher der Kampf gegen den Kapitalismus.

Anfang der siebziger Jahre begann das Dokumentardrama an Wirkung einzubüßen. Immerhin konnte Heinar Kipphardt noch zwanzig Jahre nach Hannah Arendts *Eichmann in Jerusalem* mit seinem Dokumentarstück *Bruder Eichmann* (1983) das Interesse an Dokumenten mit der Notwendigkeit der Vergangenheitsbewältigung verknüpfen. […]

1972 erhielt Heinrich Böll den Nobelpreis für Literatur, ein Jahr nach dem Erscheinen seines Romans *Gruppenbild mit Dame*, in dem ein fiktiver

Verfasser die Vergangenheit seiner Protagonistin „recherchiert" und die bei seinen Bemühungen zutage geförderten „Dokumente" präsentiert. Der rigoroseste und weitreichendste dieser Romane ist *Eine Liebe in Deutschland* von Rolf Hochhuth, erschienen 1978. Hierin und in dem ein Jahr später erschienenen Theaterstück *Juristen* verwendet Hochhuth Dokumente, um seine Vorwürfe gegen eine Nachkriegsgesellschaft zu untermauern, welche die nationalsozialistischen Verbrechen beschönigte und es zuließ, dass prominente Nazipersönlichkeiten – vor allem Juristen – weiter in Amt und Würden waren. *Eine Liebe in Deutschland* eruiert die Dokumente und Akten einer Liebesbeziehung zwischen einer deutschen Frau und einem polnischen Kriegsgefangenen und befragt Zeugen sowie den Vollstrecker des Urteils, das auf Tod durch den Strang für den Mann und Konzentrationslager für die Frau lautete. […]

Hochhuth hat die einstigen Denunzianten und die an der Hinrichtung des jungen Polen beteiligten Personen in den siebziger Jahren interviewt und diese Gespräche in seine Erzählung eingebaut. Alle bestritten, irgend etwas falsch gemacht zu haben, und beriefen sich darauf, sie hätten „nur" gemäß den damals geltenden Gesetzen gehandelt, doch lässt Hochhuth keinen Zweifel daran, dass der junge Pole hätte gerettet werden können. Warum hat man die verräterischen Liebesbriefe nicht vernichtet, anstatt sie der Gestapo auszuhändigen? Antwort: weil die Frau, die die Briefe aushändigte, sich in den Besitz des Lebensmittelgeschäfts der untreuen Ehefrau zu bringen hoffte. Hochhuth fragt einen pensionierten Förster, der den Galgen errichten half, ob das nicht *„schwierig"* für ihn gewesen sei. Der Rentner, „irritiert durch die Dummheit meiner Frage", erwiderte: „Schwierig? – Kann doch jedes Kind! Hier ein Pfahl, da ein Pfahl – und drüber ein Balken!" (S. 194) Hochhuth veranschaulicht Amnesie, Verdrängung, Verleugnung, die beschönigenden Lügen und den Eifer, Befehlen zu gehorchen, die jede menschliche Rücksicht vermissen lassen. Er deckt das atemberaubende Maß an moralischer Rohheit auf, die jedes menschliche Gefühl negierte und stolz auf ihre technische Effizienz war – eine Rohheit, die maßgeblich zur prompten Umsetzung der tödlichen Holocaust-Befehle beitrug. Selbst die deutsche Ehefrau, die als Opfer jener Denunziation das Konzentrationslager überlebt hat, bricht noch heute in Tränen aus, wenn sie an den jungen Polen denkt, und gibt zu, dass sie schuld an seinem Tod war – sogar diese Frau will heute ebensowenig mehr an die Katastrophe denken wie die Täter.

In seiner summarischen Anklage gegen die beteiligten Personen ignoriert Hochhuth differenziertere Positionen und ist kaum daran interessiert, die doch gewiss sehr komplizierten Gedankengänge des überlebenden Opfers zu ergründen. Er geht journalistisch vor, stützt sich auf seine umfangreiche Dokumentation und meidet jedes Spiel der Phantasie. Der Roman konzentriert sich hauptsächlich auf die schreiende Diskrepanz zwischen dem Verhalten der Täter, wie es dokumentarisch belegt ist, und ihren eigenen späteren Einlassungen dazu. […]

Studentenproteste waren damals in vielen Demokratien eine geläufige Erscheinung, doch griff die Jugend in jedem Land andere Themen auf. In den USA ging es um die Bürgerrechtsbewegung und den Vietnamkrieg, in der Bundesrepublik Deutschland vor allem um die nationalsozialistische Vergangenheit. Und während in den USA die Märsche Demonstrationen und Sit-ins eine unbezweifelbare Wirkung zeitigten, schlugen die Demonstranten in Deutschland eine Schlacht, von der sie wussten, dass sie nicht zu gewinnen war; denn auch durch noch so vieles Demonstrieren konnten sie die verhasste Vergangenheit nicht rückgängig machen oder die verstockte, defensive Haltung der Elterngeneration aufbrechen.

Zwar begannen die Demonstrationen in der Hoffnung, den gegenwärtigen und künftigen Kurs der Bundesrepublik Deutschland zum Besseren steuern zu können, doch stellte sich bald heraus, dass es in diesem Kampf um eine Vergangenheit ging, die auf mehreren Ebenen in die Gegenwart hineinreichte: als die nicht zu leugnende Vorgeschichte der Bundesrepublik, als das fortdauernde Sich-Verteidigen oder Verschweigen und Nichtwahrhabenwollen vergangener Verbrechen durch die Elterngeneration und als psychologische Prägung der Studenten selbst. Aus den Angriffen der Studenten auf das „faschistische" Verhalten gegenwärtiger Obrigkeiten wurde eine Anklage gegen den Faschismus einer Vergangenheit, in der die unterschiedslos so genannten „Faschisten" die eigenen Eltern gewesen waren. Erbitterte Attacken gegen die Elterngeneration sollten beweisen, dass man nicht so war, wie die eigenen Eltern und daher aus einer grauenvollen Vergangenheit entlassen war. Durch diesen logischen Kurzschluss vermied man es, sich unmittelbar der Vergangenheit und ihrem Vermächtnis zu stellen und Anteil an den Opfern zu nehmen; [...]

Die Jugend attackiert zwar vehement die Elterngeneration, aber was die zwei Generationen verbindet, ist ihre Selbstwahrnehmung als „Opfer", die für ihre Taten nicht verantwortlich gemacht werden können. Die ältere Generation betrachtete sich als von Hitler und dem Nationalsozialismus „getäuscht" und „verraten" und damit als Opfer; die jüngere Generation ist durch Kugeln aus „der Waffenkammer der Kriegsgeneration gelähmt" worden. Das Geschoß ist zudem ein zufällig und ohne besonderes Ziel abgefeuertes „Wandergeschoß", so dass jene, aus deren Waffenkammer es kam, für den Schaden nicht haftbar gemacht werden können. So sieht sich die jüngere Generation nicht in einer paradoxen, sondern in einer schizophrenen Situation: Sie attackiert und beleidigt vehement die Eltern und versteht sich als deren Opfer, während sie sie gleichzeitig entschuldigt.

Während die autobiographische Erzählprosa ein weites Gebiet umfasste, war die sogenannte „Vaterliteratur" (Romane über Väter, oder besser gesagt über Väter und Mütter) eine besonders hervorstechende Erscheinung der Jahre um den dreißigsten Jahrestag der Gründung der Bundesrepublik, das heißt von Mitte der siebziger bis in die achtziger Jahre hinein. Die spezifischen Merkmale dieser Romane verwischten sich in den späteren Jahren, aber Variationen über die Hauptthemen erscheinen bis zum heutigen Tag.
Die meisten dieser Autorinnen und Autoren gehörten der Studentengeneration der sechziger Jahre an; alle haben sich der komplexen Aufgabe gestellt, eine Identität zu erarbeiten, indem sie die Rolle ihrer Eltern in ihrem Leben untersuchten. Oft gingen für sie die barbarischen Erziehungsmethoden der Eltern mit der nationalsozialistischen Vergangenheit Hand in Hand. In Wirklichkeit hat der Nationalsozialismus zwar eine „strenge" Kindererziehung befürwortet, aber er hat sie nicht erfunden. Diese Erziehungsmethoden sind älter als der Nationalsozialismus und wurzeln in einer autoritären Familien- und Gesellschaftsstruktur. Hinter der Wut, die in diesen Autorinnen und Autoren aufsteigt, stehen nicht die Greuel des Holocaust, von denen die Kinder erst später erfuhren, sondern ihre persönlich erlittenen seelischen Verletzungen. So wurde der nationalsozialistische Völkermord zu einem „objektiven" und wirkungsvollen Instrument des Angriffs gegen die Elterngeneration.

Die Autoren entscheiden sich mit wenigen Ausnahmen für einen Ich-Erzähler, was äußerste Nähe zum Gegenstand suggeriert und bewusst die Grenze zwischen Fiktion und Autobiographie verwischt. [...]

In allen diesen Romanen beginnt die Suche nach dem Ich beim Tod des Vaters oder kurz danach. Sein Tod löst eine Kette von Fragen aus, die der Protagonist zu Lebzeiten des Vaters nicht zu untersuchen vermochte – entweder weil die Eltern-Kind-Beziehung keinerlei Fragen zuließ oder weil der Vater unfähig war, andere als stereotype Antworten zu geben, oder weil „jeder Erwachsene/ jedes Kind sich diesem ‚Riesen' der Kindheit nur stellen kann, wenn die Bedrohung durch seine physische Präsenz beseitigt ist." Der Erzähler ist also gezwungen, das Leben des Vaters zu rekonstruieren. Das ist ein ausgezeichneter Kunstgriff, der in praktisch allen diesen Romanen den Gebrauch recht ähnlicher Techniken bewirkt. Die Erzähler stückeln das Leben des Vaters aus Erinnerungen, Träumen, Gesprächen zusammen; sie befragen Menschen, die den Verstorbenen gekannt haben; sie durchforsten amtliche Schriftstücke, Photographien und alte Zeitungen und lesen Texte – Briefe, Tagebücher, literarische Versuche –, die der Vater hinterlassen hat.

In fast allen diesen Romanen kehrt der Vater als gebrochener, entfremdeter, in seinen Idealen „betrogener" Mann aus dem Krieg zurück – das heißt, er sieht sich als Opfer. Die Strategie, sich als Opfer zu sehen, das den Verheißungen des Faschismus unschuldig bis in Vernichtung und Niederlage gefolgt ist, ist natürlich ein Versuch, der Verantwortung zu entgehen; die Mitscherlichs haben diesen Mechanismus mit Hilfe eines psychologischen Modells erklärt.

Doch was den Leser am meisten beeindruckt, ist eine grenzenlose Ichbezogenheit, die nicht im Dienste einer Einsicht oder des persönlichen Reifens steht, sondern im Interesse der Entlastung von Verantwortung.

Wie versuchte nun diese Generation, bedrückt von der Last der eigenen wie der Vergangenheit der Eltern, mit dem Holocaust fertig zu werden? Zweifellos war für sie der Holocaust bei der Suche nach ihrer Identität von höchster Wichtigkeit; stand doch die Rolle ihrer Väter bei den während der Naziherrschaft begangenen Greueln im Brennpunkt ihrer Selbsterforschung. Als fiktionalisierte Autobiographien nähern sich die Romane dem Thema Holocaust subjektiv, über den Versuch der Erzähler oder Erzählerinnen, mit den Eltern ins Gespräch zu kommen. Aber Juden kommen in praktisch allen Situationen, die diese Romane· schildern, nur ganz am Rande vor. Die Erzählerinnen und Erzähler sehen keinen Widerspruch darin, dem Vater seine Rolle in der Naziherrschaft vorzuhalten, wie folgenschwer oder wie harmlos sie auch gewesen sein mag, und gleichzeitig über die vom Naziregime begangenen Greuel zu schweigen. Wie die Bezeichnung „Faschist" bleiben die Naziherrschaft und ihre Greuel abstrakte Begriffe bar jeder persönlichen Bedeutung und persönlichen Investition wie· Entsetzen oder Scham oder Trauer oder auch nur „Betroffenheit". Die meisten dieser Autorinnen und Autoren lassen die Elterngeneration für sich sprechen; damit wiederholen sie aber jene Klischees und euphemistischen Umschreibungen, die den Eltern dazu dienten, die eigene Anpassung an die Naziherrschaft zu rechtfertigen, zu beschönigen, zu umgehen oder zu leugnen.

Schlant, Ernestine: Die Sprache des Schweigens. Die deutsche Literatur und der Holocaust. © Ernestine Schlant.

Text 24

Jede zweite Schuld setzt eine *erste* voraus – hier: die Schuld der Deutschen unter Hitler. Die *zweite* Schuld: die Verdrängung und Verleugnung der ersten nach 1945. Sie hat die politische Kultur der Bundesrepublik Deutschland bis auf den heutigen Tag wesentlich mitgeprägt, eine Hypothek, an der noch lange zu tragen sein wird. Denn es handelt sich nicht um einen bloß rhetorischen Prozess, nicht um einen Ablauf im stillen Kämmerlein. Die zweite Schuld hat sich vielmehr tief eingefressen in den Gesellschaftskörper der zweiten deutschen Demokratie.

Wenngleich Unbelehrbarkeit, Verdrängung und Verleugnung bald weniger primitive Ausdrucksformen fanden als in jenem Oktober 1945 dort auf der Hamburger Grindelallee und sich verdeckter, taktischer gaben – die zweite Schuld setzte unmittelbar nach der ersten ein. Heute, mit der riesigen Erfahrung von vier Jahrzehnten, kann gesagt werden, dass die hartnäckige Verweigerung aus Angst vor Selbstentblößung eine Mehrheit der alten und älteren Generationen nach dem Zweiten Weltkrieg weit stärker motiviert hat, als das Wohl ihrer Kinder. […]

Es wäre völlig absurd, sich die Träger der zweiten Schuld als fanatische NS-Propagandisten mit ständigem Agitationsschaum vor dem Mund vorzustellen. Die gibt es zwar immer noch, aber sie sind nicht typisch für die Masse derer, von denen hier die Rede ist. Die meisten sind brave Wähler der Land- und Bundestage, und sie werden von sich, nicht zu Unrecht, behaupten, dass Politik eine verhältnismäßig geringe Rolle in ihrem Leben spiele. Sosehr das zutrifft, über eine lange Strecke der Nachkriegszeit waren es – und sind es, soweit sie noch leben, immer noch – dieselben Leute, die sich unter dem Hakenkreuz auf eine in unserer Geschichte bisher beispiellose Weise politisch mobilisieren ließen. Das Erschreckende am „gewöhnlichen Nationalsozialismus" war eben die Normalität seiner Anhänger. […]

Die zweite Schuld ist nach meiner festen Überzeugung Teil eines riesigen Rückzugsprozesses. Sie vollzieht sich unter Bedingungen, die sich gänzlich unterscheiden von der historischen Phase der ersten Schuld. […]

Es geht bei der Erörterung der zweiten Schuld nicht um die Frage, ob der Bundesrepublik ein zweiter 30. Januar 1933, eine zweite Etablierung des Nationalsozialismus, droht. Es geht vielmehr um ein schweres Vergehen schuldig gewordener Älterer an den schuldlos beladenen Söhnen, Töchtern und Enkeln – sie sind die eigentlichen Opfer der zweiten Schuld, denn was die Großeltern und Eltern nicht abgetragen haben, kommt auf sie über.

Die zweite Schuld ist ein Problem der nationalen Hygiene, die von ihr bis zur Unkenntlichkeit versehrt worden ist.

Bis heute haben sich die beiden großen Trägergruppen der zweiten Schuld deutlich zu erkennen gegeben: die von ihrem Lebensalter her für Aufkommen und Bestand des Dritten Reiches verantwortlichen Generationen – mit nach oben und unten fließenden Grenzen etwa die Jahrgänge um die Jahrhundertwende herum bis in deren zweites Dezennium hinein, die „Großeltern", vom Standort der Söhne, Töchter und Enkel aus. Diese Gruppe hat sich nach 1945 in ihrer überwältigenden Mehrheit für Verdrängung und Verleugnung entschieden. Alle Resultate einschlägiger demoskopischer Befragungen weisen sie notorisch als außerordentlich vergangenheitsverhaftet aus, wobei sich unverkennbar Deutschnationales mit Nationalsozialistischem verbindet.

Die zweite Gruppe besteht aus jenen Generationen, die zu jung waren, um für die politische Entwicklung der Reichsgeschichte 1933 zu verantwortlich gemacht werden zu können, die jedoch wie niemand sonst von Hitlerdeutschland geprägt worden sind – die Jahrgänge etwa ab 1928 bis in die dreißiger Jahre hinein, ebenfalls mit fließenden Grenzen nach oben und unten. An der oberen können sie in die Generation der Söhne und Töchter, an der unteren in die der „Großeltern" übergehen: Es sind die „Eltern"-, die Hitlerjugend-Jahrgänge. Ohne einer totalen Verantwortungsabstinenz für das Tatgeschehen im Dritten Reich das Wort zu reden, beginnt ihre volle Haftung für das eigene Tun und Lassen von der biographischen Reife her erst nach 1945: bei der Auseinandersetzung mit ihrer Prägung durch das Hakenkreuz und mit dem Rausch einer unter wahnhaften und realitätsgestörten Vorzeichen verbrachten Jugend. Haftung vor allem aber für die Entscheidung: verdrängen, verleugnen – oder bekennen, was zu bekennen gewesen wäre. Es hätte sich, bis auf Ausnahmen, für die 1945 Fünfzehn- bis Zwanzigjährigen jenseits aller justitiablen, strafrechtlichen Kriterien vollzogen.

Jünger und beweglicher als ihre Erzeuger, konnten die „Eltern" ihre braune Haut äußerlich rascher und leichter abstreifen als ihre Väter und Mütter, deren belastetes und verzerrtes Geschichtsbild viel weiter zurückreichte als bis zum Jahr 1933. Heute kann jedoch festgestellt werden, dass die „Eltern" hinsichtlich ihrer Auseinandersetzungsbereitschaft kein wesentlich anderes Verhalten als das ablehnende der „Großeltern" an den Tag gelegt haben.

Diese Generation, die heute Fünfzig- bis Sechzigjährigen, sind derzeit in der Bundesrepublik an den Schalthebeln der politischen Macht, und sie werden sie noch bis gegen Ende des Jahrhunderts bedienen.

Ralph Giordano: Die zweite Schuld oder Von der Last Deutscher zu sein, Köln: Kiepenheuer & Witsch, 2015.

Text 25

VERGANGENHEITSBEWÄLTIGUNG ALS PROBLEM UNSERER POLITISCHEN KULTUR

1 *Einstellungen zum Dritten Reich und seine Folgen*

Unüberhörbar trägt also der Ausdruck „Vergangenheitsbewältigung" Aufforderungscharakter. Aber an wen richtet sich dieser Appell? An jene, die das nationalsozialistische Regime – in welcher Weise auch immer – ermöglicht haben oder eben nicht verhindern konnten? Sind dabei nur die Führer und Funktionäre gemeint oder auch die Millionen Mitläufer und Angepassten? Richtet sich die Aufforderung, Vergangenheit zu bewältigen, auch noch an die Nachkommen jener „Volksgenossen" – und bis in welche Generation? Oder ist dies eine Aufgabe, die man besser Stellvertretern überträgt oder auch einfach überlässt? Seien es nun die Sieger oder seien es die Schriftsteller, Künstler und Intellektuellen des eigenen Landes – für die einen das sogenannte Gewissen der Nation, für die anderen aber bloße „Nestbeschmutzer". [...]

Allerdings wissen wir über das Gegenteil, die Kehrseite von Vergangenheitsbewältigung, spätestens seit der Veröffentlichung von *Margarete* und *Alexander Mitscherlichs* „Unfähigkeit zu trauern" sehr viel besser Bescheid. Eindringlich werden dort jene „Abwehrmechanismen" des Verleugnens und Vergessens, der Verdrängung und Entwirklichung der NS-Vergangenheit dargestellt. Als massenpsychologische Erscheinungen haben diese Abwehrmechanismen und vielfältigen Verdrängungsvorgänge die politische Kultur, d.h. hier die politischen Orientierungs- und Verhaltensmuster der westdeutschen Nachkriegsgesellschaft zu einem Gutteil bestimmt.

Offensichtlich kommen wir also am ehesten ex negativo zu einer Bestimmung dieses Begriffs. Unter „Vergangenheitsbewältigung" ist demnach nicht ein einmaliger, zeitlich begrenzter und definitiv abzuschließender Vorgang zu verstehen. Sie muss vielmehr als ein offener, in der Zeiten- und Generationenfolge immer wieder erneut und unter veränderten Bedingungen stattfindender Prozess der Annäherung an die Vergangenheit verstanden werden. [...]

Dass es dabei nicht ausschließlich, aber doch ganz wesentlich um die Frage der Schuld und Mitschuld geht, liegt auf der Hand. Denn Schuld ist gewiss nicht das einzige, aber wohl doch das schwerwiegendste Problem aller Diskussionen und Bemühungen um Bewältigung der Vergangenheit. Schon früh, nämlich im Winter 1945/46, hat *Karl Jaspers* das Problem von individueller und kollektiver – oder in seiner eigenen Differenzierung: von krimineller, politischer, moralischer und metaphysischer Schuld zum Thema seiner berühmt gewordenen Heidelberger Vorlesungsreihe über „Die geistige Situation in Deutschland" gemacht. [...]

1. *Kriminelle Schuld*. Sie entsteht aus Verbrechen i.S. von „objektiv nachweisbaren Handlungen, die gegen eindeutige Gesetze verstoßen. *Instanz* ist das *Gericht* ..." Allerdings ist „nicht das deutsche Volk, sondern einzelne als Verbrecher angeklagte Deutsche – aber grundsätzlich alle Führer des Naziregimes ..." angeklagt. Und dies nicht im ganzen, sondern wegen bestimmter Verbrechen, insbesondere wegen Verbrechen gegen den Frieden, Kriegsverbrechen und Verbrechen gegen die Menschlichkeit. Die Aufgabe der Gerichte scheint im Vergleich zu anderen Formen der Bewältigung vergleichsweise begrenzt, vor allem aber ist sie konkret, gewissermaßen das Kernstück aller Vergangenheitsbewältigung. Gleichwohl ist auch diese juristisch-politische Form der Vergangenheitsbewältigung auf Schwierigkeiten und Einwände gestoßen. Ich nenne als Stichworte nur das Sieger-Besiegte-Verhältnis, den Aufrechnungsgedanken, das Rückwirkungsverbot und infolge der Verzögerung und Verspätung bei der Verfolgung von NS-Verbrechen das Verjährungsproblem. [...]

2. *Politische Schuld*. „Sie besteht in den Handlungen der Staatsmänner und der Staatsbürgerschaft eines Staates, infolge derer ich die Folgen der Handlungen dieses Staates tragen muss ..." *Instanz* ist die Gewalt und der *Wille des Siegers* ..." Für die politische Schuld, definitionsgemäß eine Kollektivschuld, besteht eine allgemeine, eben kollektive Haftung in Form beispielsweise von Wiedergutmachung und Reparationen, Gebietsverlust oder Teilung, Verlust oder Einschränkung der Souveränität u.ä., zumal dann, wenn politische Schuld im Zusammenhang mit Kriegshandlungen und ihren Folgen steht.

3. *Moralische Schuld*. „Für Handlungen, die ich doch immer als dieser einzelne begehe, habe ich die moralische Verantwortung, und zwar für alle meine Handlungen, auch für politische und militärische Handlungen …" Es kann niemals nur heißen: Befehl ist Befehl. Verbrechen bleiben auch dann Verbrechen, wenn sie befohlen sind. […]
Für moralische Schuld ist die „*Instanz … das eigene Gewissen* und die Kommunikation mit dem Freunde und dem Nächsten …" *Jaspers* nennt verschiedene Formen der moralischen Schuld: „Das Leben in der Maske", also beispielsweise „lügenhafte Loyalitätserklärungen gegenüber drohenden Instanzen, wie der Gestapo – Gebärden wie der Hitler-Gruß, Teilnahme an Versammlungen und vieles andere, was den Schein des Dabeiseins brachte". Die „Schuld des falschen Gewissens" etwa die „bedingungslose Identifizierung des faktischen Staates mit der deutscheu Nation und der Armee …" Ferner die „teilweise Billigung des Nationalsozialismus, die *Halbheit* und gelegentlich *innere Angleichung* und Abfindung …" Aber auch die „bequeme *Selbsttäuschung*" über längerfristige innere Wandlungsmöglichkeiten des NS-Systems. Und nicht zuletzt das „äußere Mitgehen, das *Mitläufertum*". Aus der Sorge, seine Stellung aufs Spiel zu setzen, aus der Angst, seine Existenz zu gefährden, aber auch wegen der Anreize und wegen des Integrationsdrucks der „Volksgemeinschaft" trat man in die Partei ein oder wurde Mitglied in anderen NS-Organisationen.

4. *Metaphysische Schuld*. „Es gibt eine Solidarität zwischen Menschen als Menschen, welche einen jeden mitverantwortlich macht für alles Unrecht und alle Ungerechtigkeit in der Welt, insbesondere für Verbrechen, die in seiner Gegenwart oder mit seinem Wissen geschehen." … „*Instanz* ist Gott allein." Dass dieses Schuldverständnis mit juristischen und politischen Begriffen nicht zu erfassen ist, liegt auf der Hand. Wo aber verläuft die Grenze zwischen moralischer und metaphysischer Schuld? Folgt man der Argumentation und Perspektive von *Jaspers*, dann ist Moral immer auch innerweltlich bestimmt: „moralisch besteht keine Forderung, das Leben zu opfern bei sicherem Wissen, dass damit nichts erreicht wird." … „Aber es gibt ein Schuldbewusstsein in uns, das eine andere Quelle hat. Metaphysische Schuld ist der Mangel an der absoluten Solidarität mit dem Menschen als Menschen. Sie bleibt noch ein unauslöschlicher Anspruch, wo die moralisch sinnvolle Forderung schon aufgehört hat … Wenn es geschieht und wenn ich dabei war und wenn ich überlebe, wo der andere getötet wird, so ist in mir eine Stimme, durch die ich weiß: dass ich noch lebe, ist meine Schuld". […]

Zwischen November 1945 und Dezember 1946 war in zahlreichen Umfragen durchschnittlich knapp die Hälfte der Befragten der Auffassung, dass der Nationalsozialismus eine im Grunde gute und lediglich schlecht umgesetzte Idee gewesen sei. Zeitweilig stieg dieser Anteil sogar auf klar über 50 v. H., und noch im Jahr 1977 stimmten dieser Meinung ein Viertel der Befragten zu, wobei das für die Altersgruppen der über 50jährigen etwas stärker zutraf, als für die jüngeren Jahrgänge.
Über einen Zeitraum von knapp 25 Jahren hat das Allensbacher Institut die Bereitschaft der Westdeutschen zu ermitteln versucht, den – wie es dort heißt – „schrecklichen ‚Rest'" der NS-Zeit zu verdrängen, hinzunehmen oder gutzuheißen. Bis Mitte der fünfziger Jahre antwortete immerhin eine relative Mehrheit auf die Frage: „Würden Sie sagen, dass Hitler ohne den Krieg einer der größten deutschen Staatsmänner gewesen wäre?" mit „Ja". Nur langsam setzte sich ein kritischeres Hitler-Bild durch. Erstmals sprach sich 1967 eine absolute Mehrheit der Befragten gegen diese Bewertung aus. In einer anderen Umfrage waren 1964 deutlich über 50 v. H. der Meinung, dass das „Dritte Reich" ein Unrechtsstaat, ein Verbrecherregime gewesen sei. Im November 1978, also nach *J. Fests* „Hitler-Film", aber noch vor Ausstrahlung der TV-Serie „Holocaust" waren es schon fast drei Viertel aller Befragten. Allerdings meinten immer noch ein gutes Fünftel, dass man dies eigentlich nicht sagen könne. Und sogar 37 v. H. stimmten ebenfalls noch im Herbst 1978 der Aussage zu: „Wenn man mal vom Krieg und der Judenverfolgung absieht, war das ‚Dritte Reich' gar nicht so schlecht." Allerdings zeigt sich gerade hier, dass man, nicht pauschal einem Viertel bis einem Drittel der bundesdeutschen Bevölkerung in einem weiteren Sinne NS-Sympathien zuschreiben darf. Denn bei keiner anderen Aussage gehen die Meinungen zwischen jüngeren und älteren Befragten so stark auseinander wie bei dieser Frage: Von den befragten 16–29jährigen waren 21 v. H.

der Auffassung, dass das NS-Regime – abgesehen von Krieg und Judenmord – gar nicht so schlecht gewesen sei, während bei den 60jährigen und älteren, also den vor 1918 Geborenen über die Hälfte so dachten. Dass diese Altersgruppe, die das Dritte Reich bewusst und in ihrer aktiven Lebenszeit erfahren hat, auch oder gerade mehr als drei Jahrzehnte „danach" zu einer uneingeschränkten Verurteilung des NS-Regimes nicht bereit sind, dürfte einmal Ausdruck „individueller Selbstrechtfertigung" bzw. „subjektiven Aussöhnens" mit der eigenen Lebensvergangenheit und zum andern auch „politisch-ideologisch" bedingt sein – so jedenfalls die Deutung des Allensbacher Instituts. […]

Der Feststellung: „Jeder Deutsche trägt eine gewisse Schuld für das, was während des ‚Dritten Reichs' durch Deutschland geschehen ist" – stimmen in den drei Westzonen in einer amerikanischen Umfrage des Jahres 1951 gerade 4 v. H. der Befragten zu. Gut ein Fünftel akzeptierte den Satz: „Nicht jeder Deutsche muss sich schuldig fühlen, aber er sollte sich verantwortlich fühlen und soweit wie möglich um Wiedergutmachung bemühen." Aber für knapp zwei Drittel hatten zu jenem Zeitpunkt „die Deutschen insgesamt … weder Veranlassung, sich schuldig, noch für die Wiedergutmachung verantwortlich zu fühlen. Nur jene, die sich wirklich aktiv beteiligt haben, sind ebenso schuldig wie auch verantwortlich für das, was sie getan haben. Diese Einstellungen setzten sich fort in dem weit verbreiteten Bestreben der damaligen Bevölkerung, die fällige Auseinandersetzung mit der eigenen, sei es persönlichen, sei es nationalen Vergangenheit quasi stellvertretend durch andere an anderen (den „eigentlich" Schuldigen) vollziehen zu lassen. Eine EmnidUmfragen-Serie aus den siebziger Jahren zeigt, dass noch 1978 mehr als zwei Drittel der 65jährigen und älteren Jahrgänge sich dafür aussprachen, „einen Strich unter die Vergangenheit zu ziehen", während fast 40 v. H. der bis 40jährigen für eine Weiterverfolgung von NS-Verbrechen votierten. Erst 1979, also unter dem Eindruck zumindest zeitweiliger Betroffenheit durch den „Holocaust-Film", stimmte erstmals die Hälfte der Befragten für eine Weiterverfolgung der NS-Verbrechen. Dabei lag – was ja für die Perspektive der Generationenfolge wichtig ist – in allen Umfragen der Prozentsatz der Befürworter der Weiterverfolgung bei den Jüngeren deutlich höher als bei den Älteren. Allerdings wird man bezweifeln dürfen, ob hier schon ein tiefgreifender und nachhaltiger Orientierungswandel eingetreten ist.

Gewiss, wir können, wenn wir denn eine Bilanz unserer bisherigen Vergangenheitsbewältigung aufmachen wollen, auf eine Vielzahl, wenn auch verspäteter NS-Prozesse verweisen, auf Wiedergutmachungsleistungen und Verjährungsdebatten, auf zahllose Aufklärungsschriften und Bildungsveranstaltungen, auf einen im Wandel der Generationen sich vielleicht allmählich vollziehenden Einstellungswandel und nicht zuletzt auf bemerkenswerte Bewältigungsversuche in der deutschen Nachkriegsliteratur. […]

Im Unterschied zu 1918, als das Versailles-Trauma und die Selbsttäuschung über die Niederlage den Weg versperrten, gab es nach 1945 die Chance zur radikalen Bewusstwerdung, zum historischen Neubeginn. Sie ist aus vielerlei interessen- und machtpolitischen, opportunistischen Motiven kaum genutzt worden. […]

Selbst für manch jüngeren Historiker ist ja inzwischen das Jahr 1933, ist Auschwitz als Fluchtpunkt der deutschen Geschichte weitgehend verblasst, oder schon obsolet geworden. Aber: gibt es eine relevantere, schwierigere und beunruhigendere Frage an die Vergangenheit unserer BRD- und DDR-deutschen Gegenwart als die, warum der Faschismus in Deutschland an die Macht kommen und sich zwölf Jahre behaupten konnte, warum Deutschland in eine Barbarei ohnegleichen zurückfiel und warum diese Zeit danach so intensiv verdrängt wurde? So gesehen stehen wir nun – ob wir wollen oder nicht – vor einer Art doppelter Vergangenheitsbewältigung, der Auseinandersetzung mit der Zeit vor *und* nach 1945.

Peter Reichel: Vergangenheitsbewältigung in Deutschland. Die Auseinandersetzung mit der NS-Diktatur in Politik und Justiz, München: C.H. Beck, 2007.

Text 26

Dass Auschwitz Deutschlands Vergangenheit, Gegenwart und Zukunft ist, hat, wenn ich mich recht entsinne, Hans Magnus Enzensberger einmal geschrieben, auf den es aber leider nicht ankommt, denn er und seine moralischen Ranggenossen sind nicht das Volk. Hält aber unser Ressentiment im Schweigen der Welt den Finger aufgerichtet, dann würde Deutschland vollumfänglich und auch in seinen künftigen Geschlechtern das Wissen bewahren, dass es nicht Deutsche waren, die die Herrschaft der Niedertracht beseitigten. Es würde dann, so hoffe ich manchmal, sein vergangenes Einverständnis mit dem Dritten Reich als die totale Verneinung nicht nur der mit Krieg und Tod bedrängten Welt, sondern auch des eigenen besseren Herkommens begreifen lernen, würde die zwölf Jahre, die für uns andere wirklich tausend waren, nicht mehr verdrängen, vertuschen, sondern als seine verwirklichte Welt- und Selbstverneinung, als sein negatives Eigentum in Anspruch nehmen. Auf geschichtlichem Felde würde sich das ereignen […]: Zwei Menschengruppen, Überwältiger und Überwältigte, würden einander begegnen am Treffpunkt des Wunsches nach Zeitumkehrung und damit nach Moralisierung der Geschichte. Die Forderung, erhoben vom deutschen, dem eigentlich siegreichen und von der Zeit schon wieder rehabilitierten Volke, hätte ein ungeheures Gewicht, schwer genug, dass sie damit auch schon erfüllt wäre. Die deutsche Revolution wäre nachgeholt, Hitler zurückgenommen. Und am Ende wäre wirklich für Deutschland das erreicht, wozu das Volk einst nicht die Kraft oder nicht den Willen hatte und was später im politischen Mächtespiel als nicht mehr bestandsnötig hat erscheinen müssen: die Auslöschung der Schande.

[…] Was für einer ausschweifenden moralischen Träumerei ich mich doch da überlassen habe! […] Nichts dergleichen wird sich ereignen, trotz aller ehrenhaften Bemühungen deutscher Intellektueller […]. Alle erkennbaren Vorzeichen deuten darauf hin, dass die natürliche Zeit die moralische Forderung unseres Ressentiments refüsieren und schließlich zum Erlöschen bringen wird. Die große Revolution? Deutschland wird sie nicht nachholen, und unsere Nachträgerei wird das Nachsehen haben. Das Reich Hitlers wird zunächst weiter als ein geschichtlicher Betriebsunfall gelten. Schließlich aber wird es Geschichte schlechthin sein, nicht besser und nicht übler als es dramatische historische Epochen nun einmal sind, blutbefleckt vielleicht, aber doch auch ein Reich, das seinen Familienalltag hatte. Das Bild des Urgroßvaters in SS-Uniform wird in der guten Stube hängen, und die Kinder in den Schulen werden weniger von den Selektionsrampen erfahren als von einem erstaunlichen Triumph über allgemeine Arbeitslosigkeit. Hitler, Himmler, Heydrich, Kaltenbrunner, das werden Namen sein wie Napoleon, Fouché, Robespierre und Saint Just. Schon heute lese ich ja in einem Buch, das sich ‚Über Deutschland' nennt und imaginäre Dialoge eines deutschen Vaters mit seinem sehr jungen Sohn enthält, dass in des Sohnes Auge kein Unterschied springt zwischen Bolschewismus und Nazismus. Was 1933 bis 1945 in Deutschland geschah, so wird man lehren und sagen, hätte sich unter ähnlichen Voraussetzungen überall ereignen können – und wird nicht insistieren auf der Bagatelle, dass es sich gerade in Deutschland ereignet hat und nicht anderswo. […] [Und die] von einem hochzivilisierten Volk mit organisatorischer Verlässlichkeit und nahezu wissenschaftlicher Präzision vollzogene Ermordung von Millionen wird als bedauerlich, doch keineswegs einzigartig zu stehen kommen neben die mörderische Austreibung der Armenier durch die Türken oder die schändlichen Gewaltakte der Kolonialfranzosen. Alles wird untergehen in einem summarischen ‚Jahrhundert der Barbarei'. Als die wirklich Unbelehrbaren, Unversöhnlichen, als die geschichtsfeindlichen Reaktionäre im genauen Wortverstande werden *wir* dastehen, die Opfer, und als Betriebspanne wird schließlich erscheinen, dass immerhin manche von uns überlebten.

Jean Amèry: Jenseits von Schuld und Sühne.
Bewältigungsversuche eines Überwältigten,
Stuttgart: Klett-Cotta, 1966, 1977, 2012

Text 27

Bei der Behandlung der individuellen Neurose haben wir es überwiegend mit der Aufhellung der infantilen Erinnerungslücken, mit den Trieb- und Ambivalenzkonflikten im Umgang mit den unmittelbar erlebten und später internalisierten Autoritäten zu tun – mit Konflikten also, die, da sie unbewusst bleiben, aus der Kindheit herüberreichen – und mit der aus diesen Zwiespältigkeiten und Kränkungen der Gefühle entstehenden Angst-, Schuld und Schamproblematik. Um diese Angst, diese Schuld und Scham zu vermeiden oder wenigstens zu verringern, werden seelische Abwehrvorgänge von der Art der Verdrängung, der Verleugnung, der Projektion und andere mobilisiert.

Bei der Abwehr gegen Schuld, Scham und Trauer um ihre Verluste, die das Kollektiv der Bevölkerung Nachkriegs-Deutschlands vollzieht, haben wir es zwar mit dem gleichen infantilen Selbstschutz zu tun, aber nicht mit infantilen Schulderlebnissen, sondern mit realer Schuld größten Stiles. Die Anwendung kindlicher Entlastungstechnik auf die Konsequenzen aus gescheiterten gewaltigen Eroberungszügen und Ausrottungsprogrammen, die ohne den begeisterten Einsatz dieses Kollektivs gar nicht hätten begonnen, geschweige denn bis „fünf Minuten vor zwölf" hätten durchgehalten werden können, muss erschrecken. Die Versuche, auf diese Weise der Vergangenheit Herr zu werden, wirken auf den distanzierten Beobachter grotesk. Trotz der Überempfindlichkeit solcher Beobachter für deutschnationale Töne muss ein wenig durchdachtes, kindliches Verhalten verständlicherweise die Angst aufrechterhalten, dass eine Überraschung nicht unmöglich ist und dass noch einmal Gehorsamsakte, welche die individuelle Verantwortung auslöschen, zu deutscher Politik werden könnten.

Zu den Mitteln der Schuldleugnung gehört die seither häufig vertretene Auffassung, das Hereinbrechen einer Diktatur sei ein Naturereignis, das sich getrennt von Einzelschicksalen vorbereite und gleichsam über sie hinweggehe. Bei näherer Betrachtung ist das eine ungenaue und nur halb richtige Aussage. Freilich ist es sehr schwierig, den Zusammenhang darzustellen zwischen individuellen Verhaltensmustern, bereitliegenden Reaktionen und dem politischen Erfolg eines Diktators. Hier spielen Interdependenzen eine bedeutende Rolle und nicht nur ein passives Ergriffenwerden des wehrlosen Mannes auf der Straße. Man darf die Problematik nicht erst in der Katastrophe, sondern muss sie in den Tagen des ungetrübten Einverständnisses zwischen Volk und Diktator beginnen lassen. Wir waren sehr einverstanden mit einer Führung, die typisch deutsche Ideale mit unserem Selbstgefühl aufs neue zu verbinden wusste: Da wurde die Chance zur uniformierten Darstellung unseres Selbstwertes gegeben. Sichtbar gegliederte Autoritätshierarchien traten plötzlich in Fülle vor das Auge des durch „Parteiengezänk" enttäuschten Volksgenossen. Die Präzision unseres Gehorsams wurde gebührend erprobt, und der fast grenzenlose Wille, uns den Hoffnungen des Führers würdig zu erweisen, durfte ausschweifen. Angenommen, dieser Führer hätte sich mit kleineren Annexionen begnügt und auch in seiner Judenverfolgung gemäßigt bis zu jener Grenze der Infamie, zu der beträchtliche Gruppen in den übrigen christlichen Staaten ihm mit stillschweigender Billigung zu folgen bereit gewesen wären, das Ende des Tausendjährigen Reiches wäre wohl noch heute nicht abzusehen. Die Abschaffung der parlamentarischen Demokratie bei gleichzeitiger Ankurbelung des Arbeitsmarktes hätte keine deutsche Revolution ausgelöst. Auch noch das Funktionieren eines pedantisch gelenkten Apparates der Menschenvernichtung ist ein Stück Wirklichkeit, das keine tiefe Spaltung zwischen allgemeiner Wertschätzung der Pünktlichkeit, Zuverlässigkeit, dem Hang zur totalen Lösung einer Aufgabe und dem Spezialfall der Anwendung dieser Tugenden auf die Vernichtung eines „karteilich erfassten Personenkreises" erkennen lässt. […]

Der kollektiven Verleugnung der Vergangenheit ist es zuzuschreiben, dass wenig Anzeichen von Melancholie oder auch von Trauer in der großen Masse der Bevölkerung zu bemerken waren. Einzig die Verbissenheit, mit der sofort mit der Beseitigung der Ruinen begonnen wurde und die zu einfach als Zeichen deutscher Tüchtigkeit ausgelegt wird, zeigt einen manischen Einschlag. Vielleicht ist es auch von dieser manischen Abwehr her zu verstehen, mit wie wenig Anzeichen äußerer Gemütsbewegung die Nachrichten von den größten Verbrechen in unserer Geschichte hingenommen wurden.

Genau betrachtet sind es also drei Reaktionsformen, mit denen die Einsicht in die überwältigen-

de Schuldlast ferngehalten wird. Zunächst ist es eine auffallende Gefühlsstarre, mit der auf die Leichenberge in den Konzentrationslagern, das Verschwinden der deutschen Heere in Gefangenschaft, die Nachrichten über den millionenfachen Mord an Juden, Polen, Russen, über den Mord an den politischen Gegnern aus den eigenen Reihen geantwortet wurde. Die Starre zeigt die emotionelle Abwendung an; die Vergangenheit wird im Sinne eines Rückzugs alles lust- oder unlustvollen Beteiligtseins an ihr entwirklicht, sie versinkt traumartig. Diese quasi-stoische Haltung, dieser schlagartig einsetzende Mechanismus der Derealisierung des soeben noch wirklich gewesenen Dritten Reiches, ermöglicht es dann auch im zweiten Schritt, sich ohne Anzeichen gekränkten Stolzes leicht mit den Siegern zu identifizieren. Solcher Identitätswechsel hilft mit, die Gefühle des Betroffenseins abzuwenden, und bereitet auch die dritte Phase, das manische Ungeschehenmachen, die gewaltigen kollektiven Anstrengungen des Wiederaufbaus, vor. […]
Wir hatten Gelegenheit, zu beobachten, wie es nur der Druck der Meinung außerhalb Deutschlands war, der uns zwang, Rechtsverfahren gegen Nazitäter durchzuführen, die Verjährungsfrist zu verlängern oder den Hergang von Massenverbrechen zu rekonstruieren. Wegen dieser Differenz zwischen unserer eigenen eingeschränkten Erinnerungsfähigkeit und der keineswegs behinderten unserer ehemaligen Kriegsgegner und Opfer sind wir gezwungen, unsere psychische Abwehrposition unter fortwährendem Energieaufwand aufrechtzuerhalten.

Alexander und Margarete Mitscherlich: Die Unfähigkeit zu trauern © 1967 Piper Verlag GmbH, München

Text 28

UNSER AUSCHWITZ

Wenn die KZ-Prozesse, wie es heißt, ein Beweis sein sollen, dass wir uns nicht scheuen, unsere Vergangenheit zu „bewältigen", müssten sie ja irgend einen politischen Effekt haben. Dass die Prozesse überhaupt stattfinden, ist strafrechtlich notwendig und kein Beweis für eine politische Entkrampfung. Aber die Sorge, Sommer und Schubert und ihre Kollegen aus Auschwitz können uns von den Staatsanwälten nur in ihren subjektiven Taten vorgestellt werden, und die sind der Art, dass unsere Distanz in keiner Sekunde in Gefahr ist. Wir haben von 33 bis 45 sozusagen in einem anderen Staat gelebt als die Angeklagten. In der Anklageschrift für den Auschwitz-Prozess haben die Staatsanwälte eine gründliche Fundierung aller erhobenen Anschuldigungen gegeben. Sie haben die Täter und ihre Taten eingebettet in die Wirklichkeit des sogenannten Dritten Reiches. Aber im Prozess selber und in der Berichterstattung über den Prozess konnte von der uns alle betreffenden Wirklichkeit jenes „Reiches" nur noch dann die Rede sein, als die Sachverständigen, die Historiker ihre Gutachten ablieferten. Das ist verständlich, weil ja der Prozess nur von den Taten handeln kann, für die Täter zu finden sind. Dass aber diese Täter bis zu irgend einem Zeitpunkt zwischen 1918 und 1945 mit uns allen verwechselbar ähnlich waren, dass sie dann durch spezielle Umstände den Weg nahmen, der sie in diesen Prozess führte, das kann in einem solchen Prozess nicht hinreichend zur Sprache kommen. Da ist die Rede nur von Taten, die wir ‚nicht' getan hätten; entweder, weil wir überhaupt zu denen gehören, die Taten nur ermöglichen, ohne sie zu tun; oder weil wir, als an der Ermöglichung dieser Taten gearbeitet wurde, noch zu jung waren, oder schlau genug, uns in nutzbringender Entfernung zu halten.

Ganz ohne Zweifel ist auch, dass wir Deutschen von diesen Brutalitäten keine Ahnung hatten. Auch das ist ein Effekt dieses Prozesses. Wir kommen auch als Mitwisser nicht mehr in Frage. Angesichts dieser zwar systematisch vorbereiteten, aber dann doch in gleißender Subjektivität vollzogenen Brutalitäten verlieren wir den Rest von nationaler Solidarität mit den Tätern. Wir vergessen, sozusagen vom Ergebnis betäubt, dass wir zumindest geduldige Zeugen waren, als sich von 1933 bis 1943 ein Schritt nach dem anderen sichtbar vor uns vollzog: Von der *Verordnung zum Schutz von Volk und Staat* (28.2.33) zum *Gesetz zur Wiederherstellung des Berufsbeamtentums* (7.4.33), zum *Gesetz zum Schutze des deutschen Blutes und der deutschen Ehre* (15.9.35) bis hin zu den Verordnungen, die die Kristallnacht ermöglichten, und den im gleichen November erlassenen Verordnungen, die ihr Ziel dann anno 43 erreichten in der *13. Verordnung zum Reichsbürgergesetz*, die die jüdischen Bürger endgültig der Willkür der SS auslieferte. Sollten wir noch ein Gefühl dafür gehabt haben, dass wir dieser Entwicklung zu geduldig zugeschaut hätten, dann sagen wir uns jetzt ganz heftig: wir haben nichts gewusst.

Und tatsächlich: die monströse Wirklichkeit von Auschwitz darf wohl auch über die Vorstellungskraft jenes Bürgers gehen, der geduldig zusieht, wie Juden und Kommunisten aus seiner Umgebung verschwinden. Andererseits wäre aber der Auschwitz-Prozess doch ein fatales Ereignis, wenn, die Ungeheuerlichkeit der Prozess-Materie dazu führte, dass wir in Zukunft das sogenannte Dritte Reich nur noch aus der Distanz sähen, aus der wir die Scheußlichkeiten von Auschwitz zur Kenntnis nehmen. Man muss leider vermuten, dass wir jenem Staat näher waren, als wir seiner Manifestation in Auschwitz gegenüber wahrhaben wollen.

Oder geht mich Auschwitz überhaupt nichts an? Wenn in Auschwitz etwas Deutsches zum Ausbruch kam, was ist dann in mir das Deutsche, das dort zum Ausbruch kam? Ich verspüre meinen Anteil an Auschwitz nicht, das ist ganz sicher. Also dort, wo Schamgefühl sich regen, wo Gewissen sich melden müsste, bin ich nicht betroffen. Nun fällt es mir allerdings immer schwer, das Deutsche in meinem Wesen aufzufinden. […] Und trotzdem soll ich mich jetzt, Auschwitz gegenüber, hineinverwickelt sehen in das großdeutsche Verbrechen.

Die idealistischen Denk-Künstler, inländischer und ausländischer Herkunft, haben uns seit 1945 hilfreich bewiesen, dass es keine Kollektivschuld gebe. Dieser Beweis macht einem Idealisten keine Mühe. […]

Auf jeden Fall: seit 1945 und angesichts des Auschwitz-Prozesses kommt uns das idealistische Schlupfloch sehr zustatten. Da jeder für sich verantwortlich ist, hat jeder seine Taten selber zu verantworten und nur seine Taten. Wurde einer „schuldig", so ist das seine Sache.

Und das bestätigt sich jeder von uns leicht durch sein Gefühl vollkommener Unschuld, wenn er etwa von Auschwitz hört. Aber vielleicht kommt das doch daher, weil sich die eigene Zugehörigkeit zum völkischen oder nationalen Kollektiv wirklich nicht spüren lässt. Wer, anstatt sein sauberes Gewissen zu erforschen und sein Schamgefühl zu befragen, nachdächte über den willkürlichen und mehr noch unwillkürlichen Anteil, den man hat an den Wirkungen des Kollektivs, der könnte nicht mehr so leicht sagen: die Taten sind bloß die Sache der Täter. Wählten wir die Bezeichnungen für unsere menschliche Art ein bisschen genauer, uns angemessener, also realistischer, dann wären die Ursachen so wichtig wie die Sachen. Dann wäre einer, der aus einem kleinen Kerl einen großen Mörder macht, so verantwortlich wie der, der den Mord besorgt. Und wer am Mord bloß viel Geld verdient hat und jetzt wieder Konzerne bastelt oder Fabriken dirigiert, der bekäme zumindest öffentlich zugewiesen seinen Anteil am vielfachen Mord. Aber das idealistische Strafrecht schaut am liebsten auf die Hände. Und die sind einfach nicht blutig beim politischen oder wirtschaftlichen Verursacher. Das ist gut bürgerliche Justiz. Je weiter unten einer hantierte, desto schlechter ist er dran. Kollektivschuld gibt es nicht. Und von Kollektiv-Ursache sprechen wir lieber nicht.

Wenn aber Volk und Staat überhaupt noch sinnvolle Bezeichnungen sind für ein Politisches, für ein Kollektiv also, das in der Geschichte auftritt, in dessen Namen Recht gesprochen oder gebrochen wird, dann ist alles, was geschieht, durch dieses Kollektiv bedingt, dann ist in diesem Kollektiv die Ursache für alles zu suchen. Dann ist keine Tat mehr bloß subjektiv. Dann ist Auschwitz eine großdeutsche Sache. Dann gehört jeder zu irgend einem Teil zu der Ursache von Auschwitz. Dann wäre es eines jeden Sache, diesen Anteil aufzufinden. Es muss einer doch nicht in der SS gewesen sein.

Beobachtet man sich und auch andere bei der Begegnung mit dem Auschwitz-Prozess, dann erfährt man, dass er, als ein Musterprozess gegen sozialbedingte Asoziale, in uns lehrbuchhaft sauber unsere eigenen idealistischen und asozialen Erbschaften mobilisiert: unseren Anteil an Auschwitz.

[…] Auf die traurigste Weise idealistisch ist aber auch unsere Distanz zu den SS-Chargen. Wir sind nicht wie die! Aber gleichzeitig finden wir die Strafe, die diese SS-Chargen erwartet, lächerlich unangemessen, wenn wir an die entsetzlichen „Fleißaufgaben" denken, die sie in Auschwitz erfüllten. Offenbar glauben wir noch immer, eine Tat könne gesühnt werden. Und nun gar diese über jeden bisherigen Begriff gehende Tat Auschwitz! Aber wahrscheinlich wollen wir einfach unsere Ruhe haben. Vergeltung und Schluss. Wenn die Täter wenigstens ein bisschen so behandelt würden wie sie selber handelten, wäre uns schon wohler. So ziehen uns die SS-Chargen in ihre idealistische Praxis. So gerät man in den Sog des Asozialen. So kapituliert man vor der Anstrengung, den asozialen Instinkt ohne Befriedigung zu lassen. Man will seine Ruhe. Und die trägt den schönen Namen Gerechtigkeit. Dass es für solche Taten keinen Ausgleich, keine Sühne gibt, ist unangenehm. Wir wollen heraus sein aus dieser Geschichte. Und die Justiz soll uns dazu verhelfen. Und was machen wir mit dem Leiden der „Häftlinge"? Weil es uns nicht gelingen kann, da irgendeinen Sinn hineinzukonstruieren, der uns befriedigen könnte, flüchtet sich unser Instinkt wieder zur Vergeltung. Als wäre dann dieses Unmaß an Leiden schon ein bisschen weniger sinnlos. Wir scheuen die Anstrengung, Auschwitz als ein sinnloses, nie mehr zu sühnendes Morden in unser Bewusstsein aufzunehmen. Wir klammern uns an die subjektiven Brutalitäten. Die ziehen uns an und stoßen uns ab. Wir lassen uns anziehen und abstoßen. Wir isolieren die Brutalitäten, die Ursachen langweilen uns. Die gesicherte Distanz zu den „Teufeln" und „Bestien" erlaubt uns, die gleißenden Zitate als Futter für unser eigenes, geheim gehaltenes Asoziales zu konsumieren. Das können wir uns um so leichter gestatten, als wir ja den Opfern unser ganzes kraftloses Bedauern entgegenbringen. Und die Justiz wird den gesellschaftlichen Auftrag schon erfüllen und die Sache rechtsgemäß erledigen.

Textauszug aus: Martin Walser, Heimatkunde. Aufsätze und Reden. © Suhrkamp Verlag Frankfurt am Main 1968. Alle Rechte bei und vorbehalten durch Suhrkamp Verlag Berlin.

Text 29

Vom Schweigen zum Handeln: Der Stachel der unbewältigten Vergangenheit

Die Strategie der Aufklärung durch Aktion, der Bewusstseinsschaffung durch Handeln, die die studentischen Trägergruppen der Neuen Linken auszeichnete, wurde bestärkt durch eine weitere Herausforderung, die sich den im Zweiten Weltkrieg und in den ersten Nachkriegsjahren geborenen Jugendlichen stellte: die Auseinandersetzung mit der unmittelbaren Vergangenheit. Diese drang in ihr Bewusstsein ein als ein stufenweiser Prozess des Erwachens. Ereignisse wie der Algerienkrieg (1954–1962), der Eichmann-Prozess in Jerusalem (1961/62) oder der Auschwitz-Prozess in Frankfurt (1964/65) förderten diesen Prozess. Prägend auf die Auseinandersetzung mit der Vergangenheit wirkte die Vorstellung einer Wiederholbarkeit. Sie trug dazu bei, aus der Vergangenheit ein Mandat zum Engagement in der Gegenwart abzuleiten.

Die Gefahr der Wiederholung: Der Faschismus, so Hans Magnus Enzensberger in seinen ‚Reflexionen über die Schwierigkeit, ein Inländer zu sein' (1964), sei nicht entsetzlich, weil ihn die Deutschen verübt hätten, sondern weil er überall möglich sei. […]
Von der Prämisse der Wiederholbarkeit ging auch Theodor W. Adorno in seinen Analysen aus. In seinem Vortrag ‚Erziehung nach Auschwitz', der am 18. April 1966 vom Hessischen Rundfunk ausgestrahlt wurde, bezeichnete er Auschwitz als „Ausdruck einer überaus mächtigen Tendenz", nämlich „der im Zivilisationsprozess selbst angelegten Barbarei". Da die Grundstruktur der Gesellschaft gleichgeblieben sei, könne sich in anderer Gestalt die Massenvernichtung unschuldiger Menschen jederzeit wiederholen. In den im Exil vorgenommenen ‚studies in prejudice' (1950) hatte das Institut für Sozialforschung als eine Bedingung für den Aufstieg des Nationalsozialismus und seiner Verbrechen die autoritäre Charakterstruktur angesehen. An diese Studien anknüpfend, trat Adorno, um das Individuum widerstandsfähig gegenüber den destruktiven Tendenzen autoritärer Strukturen zu machen, für eine Erziehung zur Reflexion, zur Selbstbestimmung zum Nicht-Mitmachen ein. Es war diese, wie er es nannte, „Wendung aufs Subjekt", die die Voraussetzungen schaffen sollte, dass, wie er in seiner Studie ‚Negative Dialektik' (1966) schrieb, „Auschwitz nicht sich wiederhole, nichts Ähnliches geschehe."

Ingrid Gilcher-Holtey: Die 68er Bewegung. Deutschland, Westeuropa, USA, München; C. H. Beck, 2001.

Text 30

NS-Prozesse – Probleme einer juristischen Vergangenheitsbewältigung

Das deutsche Strafrecht ging bei Mord und Beihilfe zum Mord – und um diese Verbrechen ging es ja in den NS-Prozessen ab 1960, nachdem Totschlag und Landfriedensbruch verjährt waren – im Grunde vom „normalen" Mordfall aus, in dem ein oder mehrere Täter gegen das Strafrecht verstoßen und entsprechend vom Rechtsstaat verfolgt und bestraft werden. Bei NS-Verbrechen dagegen änderte sich nicht nur die Zahl der Täter (und Opfer), sondern auch der Rahmen der Tat und damit ihr Charakter: An dem bürokratisch organisierten „Massenmord von Staatswegen" wirkten mehr als 100 000 Beteiligte in unterschiedlichen Funktionen arbeitsteilig mit, die Zahl der Opfer ging in die Millionen. Der Staat selbst ordnete die Morde an und ermunterte und unterstützte die Mörder, anstatt sie zu verfolgen. Diese „Großformen der Kriminalität" waren für das Strafrecht, das ja den funktionierenden Rechtsstaat voraussetzte, vollkommen neu – so neu, dass die Justiz nach Ansicht vieler Juristen mit der Aufgabe, diese Verbrechen zu sühnen, überfordert wurde.

Das deutsche Strafrecht war und ist ferner individualistisch angelegt, d. h. es muss bei Verbrechen, an denen mehrere beteiligt sind, der individuelle Tatbeitrag und die individuelle Schuld jedes einzelnen Mitwirkenden festgestellt werden. Dass dies gerade bei dem stark arbeitsteilig organisierten Massenvernichtungsbetrieb des NS-Regimes schwer halten würde, lag auf der Hand. […]

Nach den vorherrschenden Strafrechtslehren spielten ferner Tatumstände und psychische Einstellung des Täters zur Tat und im Zeitpunkt der Tat eine große Rolle. Die vor allem vom Bundesgerichtshof vertretene subjektive Teilnahmelehre stellte entscheidend auf den Willen zur Tat ab: zur Begehung einer eigenen Straftat (Täterschaft) oder Hervorrufung bzw. Unterstützung einer fremden Straftat (Anstiftung bzw. Beihilfe). Hierbei spielte auch das Tatinteresse eine bedeutende Rolle. Die Vertreter einer materiell-objektiven Teilnahmetheorie dagegen maßen dem Gewicht der einzelnen Tatbeiträge größere Bedeutung zu: Gewichtige Tatbeiträge führten zur Annahme von Täterschaft, weniger gewichtige (z. B. fördernde) Handlungen zur Anstiftung oder Beihilfe […]

Selbst bei dieser groben Skizze der rechtstheoretischen Auseinandersetzung um die Definition von Täterschaft und Beihilfe wird deutlich, wie sehr hier psychologisches Einfühlungsvermögen des Richters in die Psyche des Angeklagten zum Tatzeitpunkt und Aufarbeitung des Tathintergrundes verlangt werden – ein Einfühlungsvermögen und ein Bewerten der Tatumstände, die – laienhaft gesprochen: nach dem Grundsatz des Tout comprendre c'est tout pardonner – oftmals zugunsten des Angeklagten gerade bei NS-Prozessen ausgeschlagen zu sein scheinen.

Wer aber hatte dann „Tatwillen" und „Tatinteresse", wer waren die Täter bei NS-Verbrechen? Nach Ansicht vieler Gerichte nur noch Hitler, Himmler und Heydrich, und im extremen Fall überhaupt nur noch Hitler – eine für den Rechtsprofessor *Jürgen Baumann* „entsetzliche Vorstellung": „Ein Täter und 60 Millionen Gehilfen oder: das deutsche Volk, ein Volk von Gehilfen". So kommt am Ende einer verzwickten juristischen Gedankenkette ganz banal die alltägliche Ausrede vieler „Hitler ist an allem Schuld" zum Vorschein. […]

War es auch nach der subjektiven Teilnahmelehre für die Unterscheidung zwischen Täterschaft und Beihilfe nicht entscheidend, wer nun letztendlich getötet hatte, so war es dennoch für die Gerichte leichter, Direkttäter, vor allem die „Exzesstäter", wegen Mordes zu verurteilen als die „Schreibtischtäter", die sich selbst nicht die Hände schmutzig gemacht hatten. Die letzteren wurden weit eher nur wegen Beihilfe verurteilt als die ersteren, obwohl sie ihrer Verantwortung nach weit mehr Menschenleben auf dem Gewissen hatten als die Täter „vor Ort". Hier zeigt sich wieder, wie schwer sich die Gerichte taten, zu erkennen, dass bei NS-Verbrechen, wo immer mehrere Instanzen und Personen zusammenwirkten, die Verantwortlichkeit mit der Distanz zum Tatort eher wuchs, und *Baumann* hat bedauert, dass die Gerichte nicht gerade diese „abstrakteren Formen des Mordes" als Morde „in vollem Umfang und ohne jede Einschränkung" einer breiten Öffentlichkeit zum Bewusstsein gebracht hätten. In der Öffentlichkeit entstand vielmehr der Eindruck, als würden „kleine" Täter intensiver verfolgt und schärfer bestraft als die „Großen". […]

Tatsächlich zeigen die in der Literatur dazu zitierten Fälle, dass oft die bloße Berufung auf einen erhaltenen Befehl – und häufig lag nicht einmal ein ausdrücklicher Befehl vor – von Seiten des Angeklagten genügte, um objektiven Befehlsnotstand oder (häufiger) Putativnotstand zugebilligt zu bekommen, ohne dass von ihm damals auch nur der eigentlich geforderte Versuch gemacht worden war, den Befehl zu verweigern oder sich ihm zu entziehen – ein Versuch, der dann durch die Androhung einer Gefahr für Leib oder Leben des Befehlsempfängers vereitelt worden hätte sein müssen.

Durch umfangreiche Arbeiten, besonders von *Buchheim* und *Hinrichsen*, ist bewiesen worden, dass kein einziger Fall von Befehlsverweigerung bekannt ist, in dem ein Befehlempfänger wegen Ablehnung oder Nichtausführung eines verbrecherischen Befehls Schaden an Leib oder Seele genommen hätte, wohl aber Fälle, wo dies ohne schwere Schädigung des Befehlsempfängers möglich gewesen war. Auch bot die Praxis der Disziplinar- und Militärgerichtsbarkeit kaum Handhaben für eine ernsthaftere Bestrafung, als es etwa Meldung nach oben, Rüge, Versetzung oder Nichtbeförderung waren – also alles Folgen, die bei Befehlsentzug oder -verweigerung nach allgemeiner Ansicht hätten getragen werden müssen und können und die nicht zur Rechtfertigung eines Befehlsnotstandes ausreichten. Offenbar hatte das Regime kein Interesse daran, solche Fälle noch hochzuspielen und dadurch bekannt zu machen; es konnte jederzeit sicher sein, genug Handlanger für seine Zwecke zu finden. [...]

Der im Zusammenhang mit der Befehlsproblematik vielzitierte § 47 Militärstrafgesetzbuch führt zu einem weiteren umstrittenen Thema: dem des Unrechtsbewusstseins und Verbotirrtums. [...]

Wie weit sich gerade geistig nicht so bewegliche NS-Täter durch die Tatsache, dass ein durchgehender Befehlsstrang von der Staatsspitze bis zum letzten Angehörigen einer Einsatzgruppe oder eines KZ-Wachkommandos die Verbrechen verlangte und dass sich nirgendwo dagegen Widerstand zeigte, in dem Irrtum befinden konnten, das so Angeordnete müsse rechtens sein (ein Irrtum, dem auch NS-Juristen mitunter huldigten und an dem sie durch ihr Schweigen mitschuldig wurden), musste von den Gerichten jeweils geprüft und unterschieden werden. Auf der einen Seite drängen die Geheimhaltung und die Brutalität der Massenvernichtung natürlich den Eindruck auf, hier geschehe Unrecht, auf der anderen Seite wiederum war es der Staat selbst, der hier Unrecht tat und gegen den auch nur gedanklich aufzumucken so mancher zeitlebens auf Gehorsam getrimmte Funktionär nicht imstande war. Hinzu kam ferner die unablässige Berieselung durch die NS-Propaganda, die das von deutscher Seite getane Unrecht zwar nicht direkt beim Namen nannte, aber doch indirekt rechtfertigte. So kam es oft sicher erst gar nicht zu der hier geforderten Gewissensüberprüfung und -entscheidung des einzelnen Befehlsempfängers.

Alle diese Überlegungen um Beihilfe, Notstand, Verbotsirrtum und Tatmotiv waren nicht rein akademischer Natur, sondern schlugen sich konkret in Urteilen nieder, die durch ihre Milde Aufsehen erregten. Untersuchungen, die hier nur pauschal zitiert werden können, stellen eindeutig fest, dass NS-Verbrecher häufiger mildere Strafen als alle anderen vergleichbaren Straftäter erhielten. Das böse Wort „Ein Toter gleich 10 Minuten Gefängnis" erschien bei dem Missverhältnis zwischen dem Ausmaß der Verbrechen und den häufig ausgesprochen milden Urteilen durchaus gerechtfertigt. [...]

Eine der erschreckendsten Lehren der NS-Prozesse scheint zu sein, dass man sich in beiden, in den Mördern und in den Opfern, wiedererkennen kann bzw. wiedererkennen lernen muss. Erst wenn man weiß, wie schnell und wie leicht die dünne Decke des demokratischen Rechtsstaates, auf dem wir uns jetzt noch so sicher glauben bewegen zu können, und die ebenso dünne Decke der Humanität wieder einmal einbrechen können, wird man sich vor beidem zu hüten suchen und zu hüten wissen: vor der Versuchung, zum Mitläufer und Mittäter zu werden, und vor der Gefahr, zum Opfer zu werden. Verhaltensregeln, die die NS-Prozesse bestätigen, könnten sein: das Eingedenkbleiben der persönlichen Verantwortung auch im kollektiven Geschehen, das vorsichtige Prüfen jeder Sehnsucht nach Konformität, das wache Misstrauen gegen jede vorgedachte und nur zur Zustimmung vorgesetzte Meinung oder Planung, schließlich die so schwierige Tugend der Zivilcourage.

Bernd Hey: NS-Prozesse – Probleme einer juristischen Vergangenheitsbewältigung. In: Weber, Jürgen u. Peter Steinbach (Hrsg.): Vergangenheitsbewältigung durch Strafverfahren? NS-Prozesse in der Bundesrepublik Deutschland.

Text 31

Ende kommender Woche werden das Nationaltheater in Weimar und der Ettersberg im Nordwesten der Stadt zu Schauplätzen besonderer Feiern. Der Kanzler wird kommen, Thüringens Ministerpräsident sowie der Vorsitzende des Zentralrats der Juden. Auch 600 alte Menschen werden dabei sein: ehemalige Häftlinge des KZ Buchenwald, dessen Reste auf dem Ettersberg zu finden sind. Sie kommen, um gemeinsam des 60. Jahrestages der Befreiung des Lagers und aller Konzentrationslager auf deutschem Boden zu gedenken. Aber es wird auch ein Abschiedsfest sein.

Eine weitere Zusammenkunft in ähnlichem Rahmen wird es nicht mehr geben. Der nächste „runde" Gedenktag wird ohne ehemalige Häftlinge auskommen müssen, jedenfalls ohne die meisten von ihnen. Die Überlebenden sterben aus. Damit geht eine Epoche zu Ende. Die Erinnerungen der Beteiligten (Täter wie Opfer) sedimentieren endgültig zu Geschichte, und es ist allenfalls ein vergifteter Trost, dass die letzten Opfer die letzten Täter wohl überdauern werden – denn unter den Opfern waren damals auch Hunderttausende Kinder.

Die einstigen Buchenwald-Häftlinge bereiten sich auf ihren Abschied vor. Einige ihrer Verbände lösen sich auf (wie in den Niederlanden), in anderen (wie in Frankreich oder Belgien) übernehmen die Nachgeborenen die Führung. Für die Feier in der kommenden Woche ist eine symbolische Übergabe der Verantwortung für die Geschichte an die heutigen Deutschen geplant.

Für die Deutschen ist diese Zäsur eine Herausforderung. Mit ihr beginnt eine neue Phase in ihrem wechselvollen Umgang mit der eigenen Geschichte, in dem sie sich anfangs vor allem als Opfer sahen und anderes eilig verdrängten, sich dann mehr und mehr den eigenen Vergehen stellten und zuletzt ihrer Rolle als Tätervolk wieder zusehends müde wurden.

Auf politischer Ebene wurde die Nachkriegszeit vor bald 15 Jahren beendet: mit der Wiedervereinigung Deutschlands. Viele Deutsche dürften sich nach einem ähnlichen Befreiungsschlag auf der Ebene der Moral sehnen – und dabei die Augenzeugen deutscher Verbrechen als störend empfinden, denn ihre Existenz hält auch die deutsche Schuld am Leben.

Es ist allerdings wohltuend, dass auch der Eifer verflogen ist, mit dem Teile der ersten Nachkriegsgeneration alles und jeden als „faschistisch" geißelten, das oder der nicht ganz auf der eigenen Linie lag. Ziel der Übung war es, zu beweisen, dass man sich von der Eltern-Generation gründlich gelöst, dass man die Lektionen der Geschichte nun wirklich gelernt habe und etwaigen „Anfängen zu wehren" entschlossen sei. Überdies war es auch angenehm, sich zu den Guten zu zählen. Es gab einen Hochmut der Wut oder der Zerknirschtheit, die einen moralisch auf die Ebene der Opfer hieven sollte. Doch die Toten von Auschwitz oder Buchenwald sind nicht dazu da, anderen eine Identität zu verschaffen.

Die Chance der Heute Jungen ist, dass sie all das nicht nötig haben. Weder müssen sie sich des Vorwurfs erwehren, am ungeheuerlichsten Verbrechen der Geschichte beteiligt gewesen zu sein, noch können sie sich zu Kriegsopfern stilisieren, noch müssen sie sich mit der Schuld der eigenen Eltern auseinander setzen. Und gerade deshalb können sie einfacher als alle vorangegangenen Generationen sagen: Ja, so ist es gewesen, die Fakten sind nicht zu bezweifeln. Genauso unzweifelhaft können wir nichts dafür. Auch dieser Teil der Geschichte ist unser Erbe, wie unsere Sprache, wie Goethe, Heine und die Manns unser Erbe sind.

Allerdings müssen sich die Erben vor ein paar Platitüden hüten. Die Parole früherer Wohlmeinender war „Vergangenheitsbewältigung". Bloß zeigte sich, dass das nicht funktioniert. Ein Schüler kann seine Hausaufgaben bewältigen, ein Radfahrer einen steilen Anstieg. Aber die Vergangenheit lässt sich nicht bewältigen, die bleibt einfach da. Heute heißt die Parole „Erinnern". „Die Erinnerung an die Verbrechen des Nationalsozialismus bleibt eine bleibende Verpflichtung", sagt der Kanzler, und viele andere sagen es auch. Doch erinnern kann man sich nur an das, was man erlebt hat. Wer kann sich heute noch an den Dreißigjährigen Krieg erinnern? Niemand, denn es war keiner dabei. Wir können uns nicht an Auschwitz erinnern. Wir müssen dafür Sorge tragen, dass wir wissen, was geschah.

Das ist durchaus möglich. Doch fatalerweise lässt gerade der Gestus des Entsetzens das Geschehene – wenn auch ohne böse Absicht – leicht ins Nebulöse abgleiten: „Das unsagbare Verbrechen des Holocaust", heißt es oft. Nein, unsagbar ist es nicht, es ist in zahllosen wissenschaftlichen

Abhandlungen präzise analysiert, in Hunderten Erlebnisberichten dokumentiert, in Werken wie dem grandiosen und sperrigen „Roman eines Schicksallosen" des Auschwitz- und Buchenwald-Häftlings Imre Kertész beschrieben.

Viele Deutsche haben ein etwas gereiztes Bedürfnis nach „Normalität", nach einem „Schlussstrich" (52 Prozent, wie eine Forsa-Umfrage für den *stern* ergab). Normalität – ja, die ist möglich. Die heutigen Deutschen tragen das schwere Erbe einer (in Teilen) schlimmen Geschichte und damit eine besondere Verantwortung, aber sie sind kein abnormales Volk. Die ersehnte Normalität birgt allerdings auch Unbequemlichkeiten. Zum Beispiel hatte jener Nachkriegskonsens, nach dem „von deutschem Boden nie wieder Krieg ausgehen" dürfe, auch ein paar angenehme Nebenwirkungen: Die leider trotzdem tobenden Kriege hatten mit uns nichts zu tun. Unsere Hände waren so schmutzig, dass wir sie getrost in den Schoß legen konnten. [...]

ABER EIN SCHLUSSSTRICH? In seiner Dankesrede für den Literaturnobelpreis sagte Imre Kertész 2002: „Das Problem Auschwitz besteht nicht darin, ob wir sozusagen einen Schlussstrich darunter ziehen sollten oder nicht, ob wir es im Gedächtnis bewahren sollten oder in der entsprechenden Schublade der Geschichte versenken, ob wir für die Millionen Ermordeten Mahnmale errichten und wie sie beschaffen sein sollten. Das wirkliche Problem Auschwitz besteht darin, dass *es geschehen ist* und dass wir an dieser Tatsache mit dem besten, aber auch mit dem schlechtesten Willen nichts ändern können." Seit Auschwitz sei „nichts geschehen, was Auschwitz aufgehoben, was Auschwitz widerlegt hätte". Worin soll da der Schlussstrich bestehen?

Auszüge aus Artikel: Arne Daniels, Die letzten Zeugen, STERN 14/2005, S. 76–86

Text 32

Bernhard Schlink: Rede anlässlich der Verleihung des Fallada-Preises der Stadt Neumünster 1997 (Auszüge)

Was den literarischen Umgang mit der politisch-historischen Situation des Dritten Reichs und des Holocaust angeht, so ist es nicht zu früh, zwei Abschnitte zu unterscheiden, entsprechend den zwei Generationen zunächst der Väter und Täter und dann ihrer Söhne und Töchter. Bei der ersten Generation geht es um Verdrängung und Offenlegung, um Offenlegung als Bewältigung, bei der zweiten darum, sich zur ersten ins Verhältnis zu setzen, in ein wieder offen legendes, aber auch anklagendes und verurteilendes Verhältnis und um diese Verhältnisbestimmung als Bewältigung. Die Literatur der zweiten Generation ist auf freilich vorsichtige Weise literarischer als die der ersten; sie ist es auch insofern, als sie auf wieder vorsichtige Weise stärker fiktional ist, während die der ersten fast völlig dokumentarisch ist. Was wird mit der dritten Generation, der Generation der Enkel und Enkelinnen? Welche Literatur erreicht sie? Welche Literatur wird sie selbst produzieren?

Was die Literatur der ersten und der zweiten Generation bei allen Unterschieden verbindet, ist, dass es sich um Schuld-Literatur handelt. Obwohl die Vorstellung einer kollektiven Schuld oft vage ist und religiöser und philosophischer Spekulation überlässt, wie die Schuld von jemandem, der ein Verbrechen begangen hat, zur Schuld auch eines anderen wird, der das Verbrechen nicht begangen hat, wie die Schuld der Väter zur Schuld der Kinder wird, war bzw. ist kollektive Schuld für die meisten Angehörigen der ersten wie auch der zweiten Generation eine Wirklichkeit: individuell erlebt, erlitten, verborgen und verdrängt wie jede andere Schuld.

Es war die Schuld derer, die die Verbrechen des Dritten Reiches begangen haben, wie auch derer, die zugesehen haben und nicht eingeschritten sind oder überhaupt weggeschaut haben. Die Rechtsgeschichte lehrt uns, wie Schuld sogar die verstrickt, die nicht einmal Zeugen der Verbrechen waren. In den frühen Stammeskulturen hatte, wenn ein Angehöriger einer Gemeinschaft gegenüber einem Angehörigen einer anderen Gemeinschaft ein Verbrechen beging, seine Gemeinschaft die Wahl, ihn auszustoßen oder ihn bei sich zu behalten. Behielt sie ihn bei sich, gewährte sie ihm Solidarität, dann teilte sie auch seine Schuld, übernahm gegenüber der anderen Gemeinschaft Verantwortung und Haftung. Solidargemeinschaft ist auch Schuldgemeinschaft. Ähnlich haben die Deutschen, die die Täter der ersten Generation nicht ausgestoßen, sondern als Mitbürger, Politiker, Administratoren, Richter, Professoren, Lehrer und Eltern akzeptiert haben, an deren Schuld teilgehabt. Darum ging es 1968: Die zweite Generation realisierte, wie verstrickt sie in die Schuld der ersten war, und versuchte, sich aus der Verstrickung zu befreien durch wenigstens ein moralisches Anklagen, Verurteilen und Ausstoßen der Täter, Mittäter und Zuschauer der ersten Generation.

Gerade weil kollektive Schuld nichts Spekulatives ist, sondern ihre empirischen und normativen Bedingungen hat und verschiedene Menschen und Generationen durch das verbindet, was sie tun und lassen, kann der Schuldzusammenhang enden. Anders als die erste und zweite Generation steht die dritte nicht vor der Wahl, Solidarität mit den Tätern der ersten Generation zu üben oder zu verweigern. Mit den Politikern, Lehrern und Eltern der ersten Generation, die die Verbrechen begangen, mitbegangen oder geschehen lassen haben, sind sie persönlich nicht mehr oder kaum noch verstrickt. Es gibt die erste und die zweite, aber es gibt keine dritte Schuld. Das breite Spektrum von echter Betroffenheit über taktvolle Höflichkeit, Zurückhaltung, Gleichgültigkeit, Ablehnung bis zum Flirt mit faschistischen Versatzstücken, dem wir bei der dritten Generation begegnen, hat entscheidend mit dem Ende des Schuldzusammenhanges zu tun.

Und doch gibt es ein Vermächtnis der Furchtbarkeiten des Dritten Reichs auch für die dritte und die folgenden Generationen. Ein politisches Vermächtnis dieser politisch-historischen Situation. Was Menschen einander antun und einander schuldig bleiben können, wie sie, ohne Monster zu sein, die furchtbarsten Verbrechen begehen können, wie politische und gesellschaftliche Institutionen versagen und wie eine moralische Kultur zusammenbrechen kann, schließlich auch wie man sich zu denen verhält, die die furchtbarsten Verbrechen begangen haben – diese Fragen sind für die nächste Generation nicht weniger drängend als für die erste und zweite. Aber der individuelle Zugang zu ihnen ist bei der dritten und bei den folgenden Generationen, anders als bei der ersten und zweiten, nicht durch eine zugleich kollektiv und individuell erfahrene Schuld, in die man als Deutscher eben verstrickt ist, immer schon gestiftet. Er wird vielmehr immer wieder neu hergestellt werden müssen. Literatur, die dazu beitragen will, wird politische Literatur sein, aber als die der ersten und zweiten Generation mit dem Dritten Reich noch ein Stück individualistischer umgehen – und zugleich universeller, da mit dem deutschen Schuldzusammenhang auch die Evidenz der partikularen deutschen politischhistorischen Situation verloren geht.

Bernhard Schlink: Ein Teil der Welt. Rede anlässlich der Verleihung des Hans-Fallada-Preises 1997, aus: ders.: Vergewisserungen. Über Politik, Recht, Schreiben und Glauben. © 2005 Diogenes Verlag AG, Zürich

Text 33

Text 34

IHR KREUZ IST DIE SCHRIFT

ANALPHABETISMUS UND ALPHABETISIERUNG IN DEUTSCHLAND

Jugendliche funktionale Analphabeten versuchen, Jobs zu finden, in denen sie nicht schriftsprachlich handeln müssen – meist jedoch ohne Erfolg. […]
Schriftsprachliche Anforderungen müssen im Beruf und an der Berufsschule bewältigt werden, und sie sind insgesamt gestiegen.
Die Ausgliederung aus dem Arbeitsleben, die gering qualifizierte Jugendliche gleich zu Beginn ihrer Berufsbiographie erleben, erfahren die älteren funktionalen Analphabeten zunehmend häufiger nach vielen Jahren der Berufstätigkeit, so zum Beispiel bei der Schließung von Firmen, der Auslagerung von Arbeitsbereichen, durch Rationalisierungsmaßnahmen, aber auch durch Veränderungen am Arbeitsplatz (Automatisierung, EDV), die oft mit einem Mehr an Lese- und Schreibtätigkeiten verbunden sind. Für die älteren funktionalen Analphabeten ist der Verlust des Arbeitsplatzes äußerst dramatisch, da sie ohne formale Ausbildung und nach jahrzehntelanger einseitiger Tätigkeit in einem spezifischen Arbeitsbereich, ohne begleitende berufliche Qualifizierung und Fortbildung, mit unzulänglichen Kenntnissen im Lesen, Schreiben und oft auch im Rechnen, wenig Chancen haben, einen neuen Arbeitsplatz zu finden. […]
Das Vermeiden von schriftsprachlichen Anforderungssituationen ist eine typische Strategie von funktionalen Analphabeten. Sie wollen so verhindern, dass ihr Problem entdeckt wird und sie sozial stigmatisiert werden. Sie haben Angst, dass sich Diskriminierungserfahrungen aus Kindheit und Schulzeit erneut wiederholen: Angst vor sozialem Ausschluss, vor Missachtung der eigenen Person, vor Demütigung und Bloßstellung, vor dem Verlust sozialer Integration und Anerkennung. Neben der Vermeidung schriftsprachlicher Ernstsituationen sind Delegation und Täuschung zwei weitere wichtige Überlebensstrategien.
Jede Person, die keine oder nur unzureichende schriftsprachliche Fertigkeiten besitzt, hat eine Person ihres Vertrauens, die in das Problem eingeweiht ist und die Rolle des Lesers und/oder Schreibers übernimmt. Oft sind dies die Ehefrau oder der Ehemann, eine Freundin, ein Freund oder Verwandte. […]
Bei der Täuschung reagieren funktionale Analphabeten blitzschnell auf eine plötzliche schriftsprachliche Anforderungssituation. Beim Essen in einem Restaurant schauen sie wie lesend in die Speisekarte, warten ab, bis andere bestellen und wählen dann eins der genannten Gerichte („Für mich bitte dasselbe'). […]
Die Sorge vor dem Entdecktwerden führt sogar dazu, dass Beförderungsangebote abgelehnt werden und die Betroffenen lieber schlechter bezahlte Arbeit ausüben.
Oft bedeutet das Vermeiden von möglicherweise bedrohlichen Situationen auch den Rückzug aus zahlreichen Aktivitäten und Kontakten. Gruppenreisen werden vermieden aus Angst vor Schreibspielen auf der Reise, eine Kur wird nicht beantragt aus Angst, bei der Ankunft Formulare ausfüllen zu müssen, der Besuch beim Zahnarzt wird wegen der schriftlichen Befragung zur Krankengeschichte unterlassen, am Elternabend nimmt man nicht teil. Zur Wahl wird nicht gegangen, weil man mit dem Wahlzettel nicht klarkommt. Der Besuch von Weiterbildungsveranstaltungen setzt schriftlichsprachliche Kompetenz voraus, sodass Kurse zur beruflichen Fortbildung oder auch im privaten Interesse nicht belegt werden. Partnerschaften werden mit Misstrauen und großer Vorsicht begonnen, weil nicht klar ist, wie der Partner bzw. die Partnerin auf ein Geständnis der Schriftsprachprobleme reagieren wird. Scheu, frühzeitiger Rückzug aus Beziehungen oder Unaufrichtigkeit gegenüber dem Partner können damit verbunden sein. Freizeitmöglichkeiten sind sehr beschränkt, weil sie immer wieder auf Schriftsprache hin ‚abgetestet' und dann meist verworfen werden müssen. Im Privaten wie im Beruflichen kommt es zu einer ganz erheblichen Selbstbeschränkung. Isolation und psychische Anspannung können die Folgen sein bis hin zu psychosomatischen Erkrankungen.
Dieses Verhalten von Betroffenen führt auch dazu, dass das Phänomen des Analphabetismus gesamtgesellschaftlich verdeckt ist.

Marion Döbert, Peter Hubertus: Ihr Kreuz ist die Schrift. Analphabetismus und Alphabetisierung in Deutschland, Münster: Bundesverband Alphabetisierung und Grundbildung e.V., 2000, S. 66–71.

Text 35

In quasi-autobiographischen Ich-Romanen, in welchem der Ich-Erzähler den Mittelpunkt der Geschichte bildet, ist es die Spannung zwischen dem erlebenden Ich und dem erzählenden Ich, die das Sinngefüge des Romans bestimmt. Für diese Art des Romans sind Inhalt und Form der Autobiographie Vorbild gewesen. Im älteren Roman wird auf diese Weise vor allem die Lebensgeschichte von Menschen, die in Konflikt mit der sittlichen Gesellschaft oder staatlichen Ordnung geraten waren, dargestellt. Das Entscheidende dabei ist, dass die Ich-Figur ihr Leben erzählt, nachdem sie eine Wandlung durch Reue, Bekehrung oder Einsicht durchgemacht hat. […] Die Konfrontation von zwei ganz verschieden orientierten Entwicklungsphasen im Leben der Ich-Figur, die fortgesetzte Dialektik des erzählenden Ich mit dem Ziel, die Spannung zwischen diesen beiden Phasen entweder zu steigern oder zu entladen, prägt das innere Gefüge des Ich-Romans dieser Art. […] Die beiden Pole […] liegen […] in einem Ich, im Bewusstsein und in der Erinnerung des Ich-Erzählers, unmittelbar einander gegenüber. Die Zeit, die sich zwischen Erlebnisgegenwart und Erzählakt breitet, zwischen dem Erlebnis des Ich und seinem erzählenden Rückgriff darauf, motiviert die Spannung zwischen erlebendem und erzählendem Ich und verheißt zugleich Aussicht auf einen schließlichen Ausgleich. Das erzählende Ich ist seit seinen Erlebnissen, die den Inhalt der Geschichte bilden, innerlich gewachsen, reifer, einsichtiger geworden und vermag nun sein früheres Verhalten von einem höheren moralischen, religiösen, sozialen und humanitären Standpunkt zu begreifen und zu beurteilen. Auch dort, wo keine drastische Lebenswandlung vollzogen wird, bleibt das Verhältnis zwischen erzählendem und erlebendem Ich ein entscheidendes Element des Sinngefüges des Ich-Romans, wenn auch in einer komplementären Weise, etwa indem eine nunmehr […] sentimentalisch gestimmtes Bewusstsein seine frühere naive Lebensphase erinnernd wiederzufinden und an sich zu ziehen sucht. […]

Der Interpret eines Ich-Romans kann sich nicht über die in der Ich-Erzählsituation implizierte Intention des Autors […] hinwegsetzen, dass der Erzähler *in persona* identisch ist mit dem Ich, dessen Erlebnisse hier erzählt werden. […]

Wenn in den meisten Ich-Romanen die Zeit zwischen den Erlebnissen des Ich und der Gegenwart des Ich im Erzählvorgang nur recht spärlich und nur andeutungsweise konkretisiert wird, so besagt das nichts, denn ähnlich wird in jedem Roman, der die ganze Lebensgeschichte eines Mannes bringt, mit langen Strecken dieses Lebens verfahren. Auch ein in der Erzählung übersprungener Zeitraum kann in der Vorstellung des Lesers als mit Handlung und Erlebnis erfüllte Zeit gelten, wenn sich aus dem in der Erzählung Vorangehenden oder Nachfolgenden folgern lässt, dass in dieser Zeit, die in der Erzählung übersprungen wurde, etwas geschehen, etwas geworden ist, oder dass sich in ihr eine Wandlung des Helden vollzogen haben muß. […]

Im Ich-Roman versucht sich ein Mensch selbst zu begreifen, sich zu definieren, von seiner Umwelt abzugrenzen. Dies bringt etwas Erregendes mit sich, das dem auktorialen Roman, in welchem Charaktere immer nur Objekt für einen anderen Betrachter sind, abgeht. […]

Auch der Typus Ich-Roman zeigt Neigung und Fähigkeit zur Abwandlung des Typus in verschiedene Varianten. Fast alle diese Nebenformen des Grundtypus lassen sich in eine von zwei Variationsrichtungen einordnen, von denen die eine zum Typus des auktorialen Romans, die andere zum Typus des personalen Romans hinweist. […] So übernimmt der Ich-Erzähler vom auktorialen Erzähler ein Ordnung und Werte stiftendes Vermögen, das häufig über die zu erwartenden Fähigkeiten und Anlagen der Ich-Figur hinausgeht, besonders auffällig dort, wo im erlebenden Ich nicht einmal Keime oder Ansätze dafür zu entdecken sind. […] Dem Autor bleibt für diesen Fall die Möglichkeit erhalten, das Augenmerk stärker auf das erzählende Ich, den Erzählakt, auf Probleme der Darstellung, die sich dabei ergeben, zu lenken und damit mit dem Autor gemeinsam Interessen des Ich-Erzählers wenigstens z.T. zu motivieren. […]

Wandert der Lichtkegel der Darstellung dagegen vom erzählenden Ich weg, so dass das erlebende Ich ganz in seine Mitte rückt, so ergibt sich eine völlig andere Wirkung. Hier tritt an die Stelle des Hervorkehrens des Problems der geistigen Bewältigung der Geschichte, der Reflexion, der essayistischen Abhandlung darüber, das Interesse am Geschehen selbst, am spannenden Ablauf der Handlung und an der Fülle und Echtheit der Charakterportraits. […] Mit dieser Einstellung, fixiert auf das erlebende Ich, kann aber der Scheinwerferkegel der Darstellung im Ich-Roman noch etwas ganz anderes enthüllen, nämlich Innenwelt, Bewusstseinsabläufe, Gedanken, Stimmungen der Ich-Figur im Augenblick seines Erlebnisses. Damit vollzieht der Ich-Roman die Wendung hin zum personalen Roman.

Franz K. Stanzel: Typische Formen des Romans
© Vandenhoeck & Ruprecht GmbH & Co. KG,
Göttingen 1993, S. 31–38.

Abbildung 1

Panoramaaufnahme der Gaskammer im KZ Majdanek, Polen. Die Wände weisen eine typische Blaufärbung der Eisenzyanide auf. File:Majdanek GasChamber Pano.jpg © Micahz [CC BY-SA 3.0 (https://creativecommons.org/licenses/by-sa/3.0)], from Wikimedia Commons

Abbildung 2

Foto aufgenommen in der Gedenkstätte des Konzentrationslagers Dachau, Öfen zur Verbrennung der Leichen im Krematorium. File:KZ Dachau Krematorium IMG 0492.JPG © By Jörg Padberg [CC BY-SA 3.0 (https://creativecommons.org/licenses/by-sa/3.0)], from Wikimedia Commons

Abbildung 3

Aus: Kolb, Eberhard: Bergen-Belsen. Vom „Aufenthaltslager" zum Konzentrationslager 1943–1945, 2. Aufl., Göttingen, 1986 © Vandenhoeck & Ruprecht GmbH & Co. KG

Abbildung 4

Überlebende Zwangsarbeiter des Konzentrationslagers Buchenwald (bei Jena) fünf Tage nach der Befreiung
File:Buchenwald Slave Laborers Liberation.jpg © By Private H. Miller. (Army) [Public domain], via Wikimedia Commons

MATERIALTEIL ABBILDUNGEN | 111

Tafelbild 1

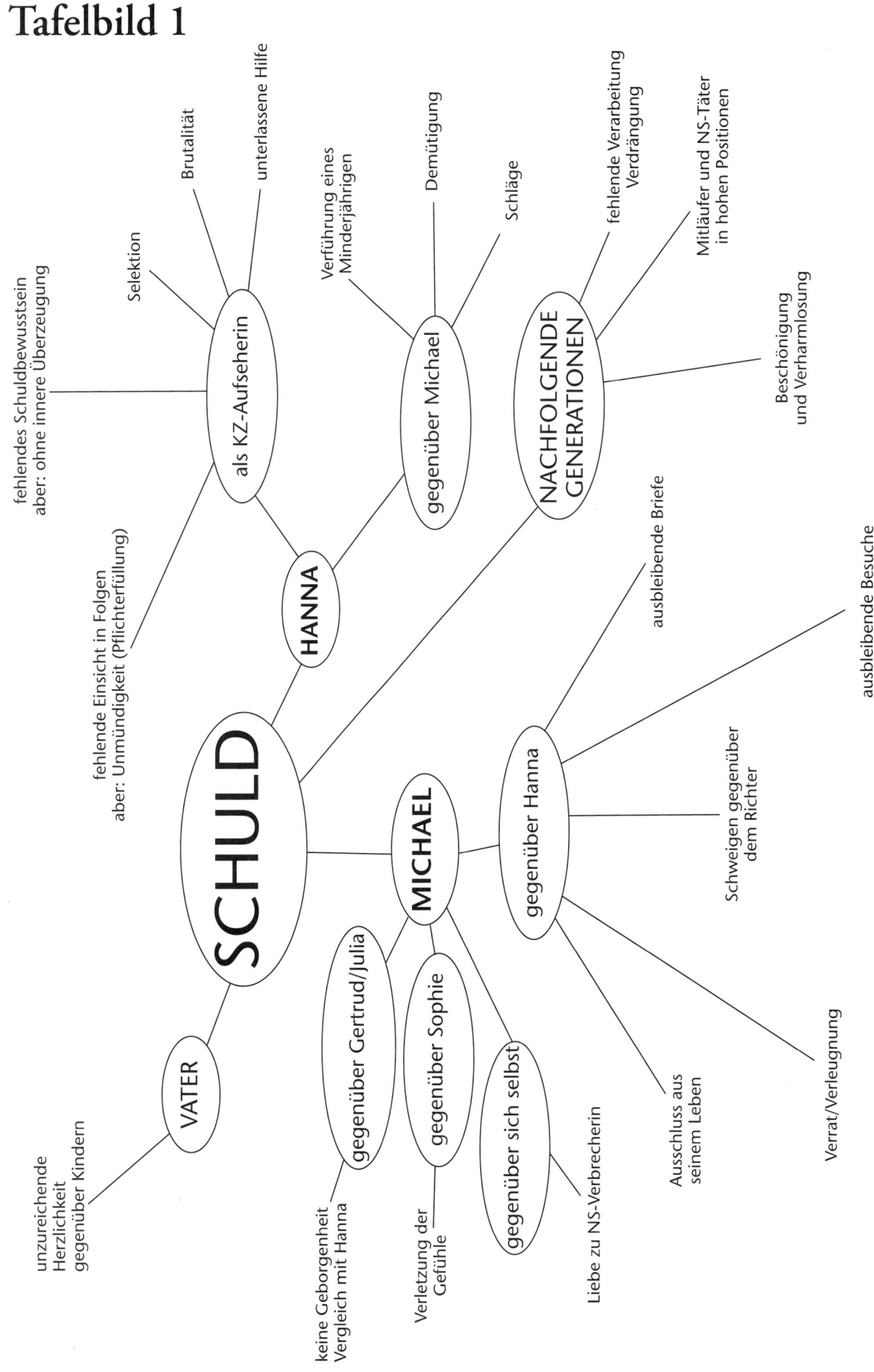

Tafelbild 2

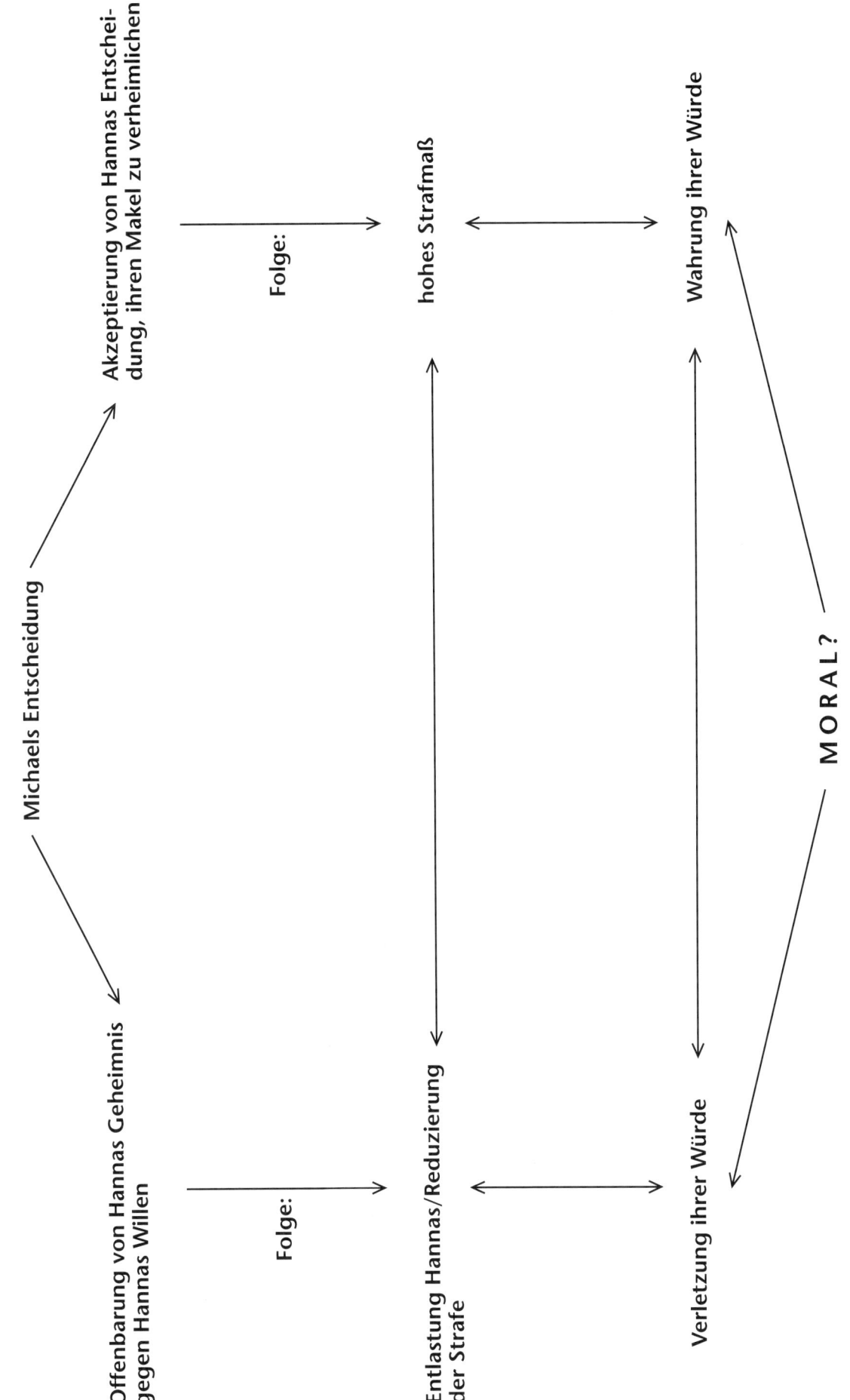

Arbeitsblatt 1

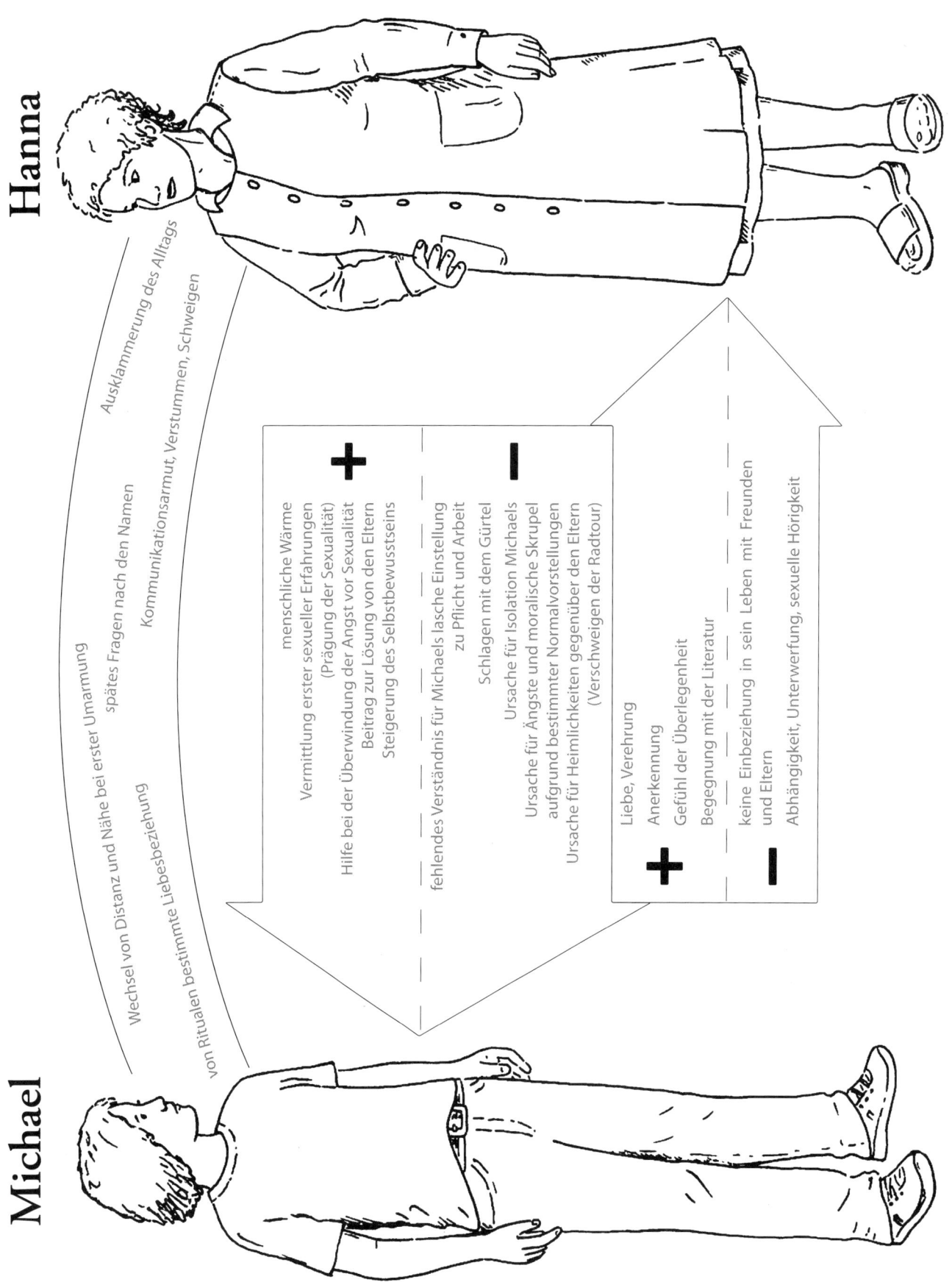

Arbeitsblatt 1

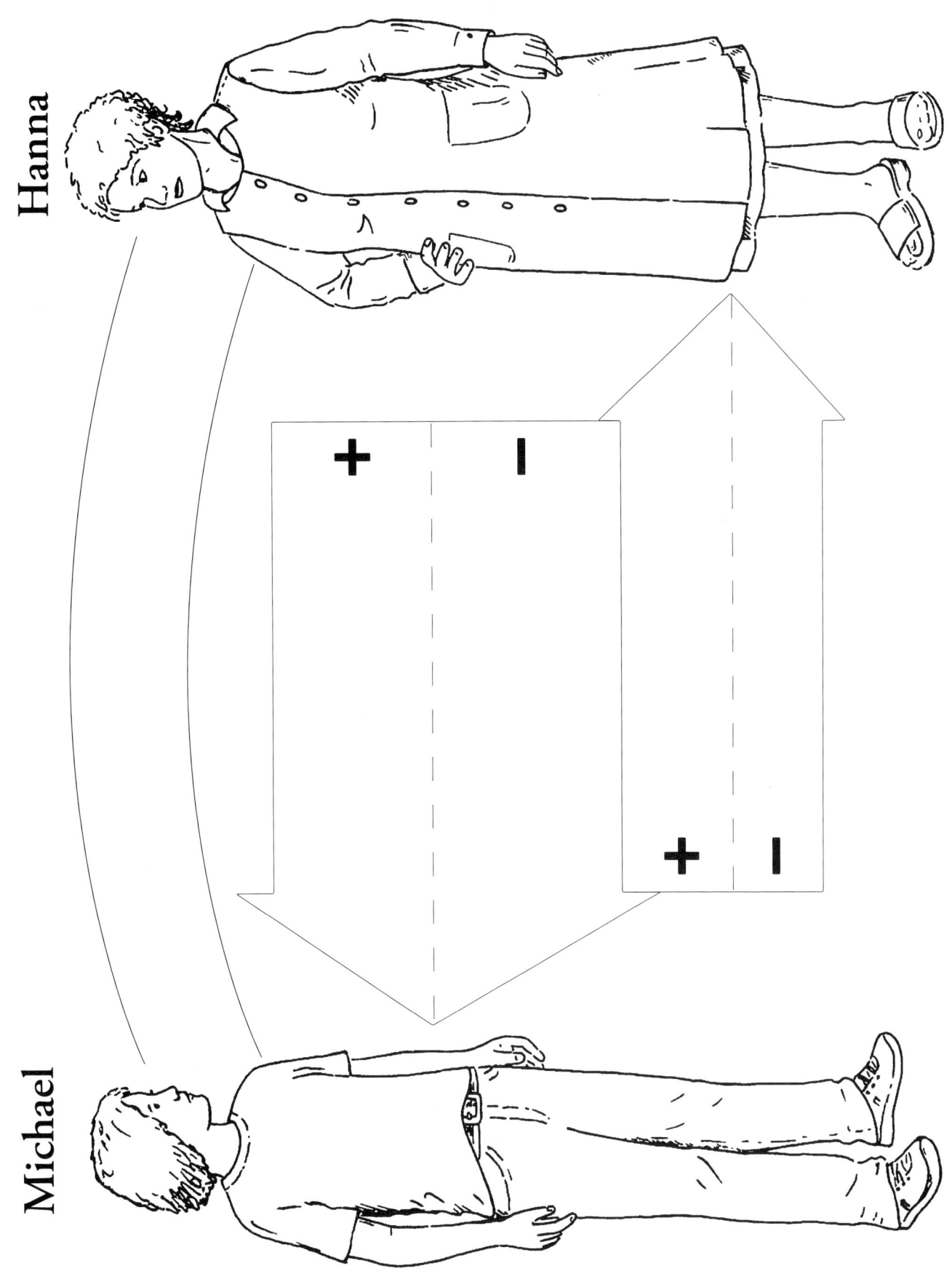

Arbeitsblatt 2

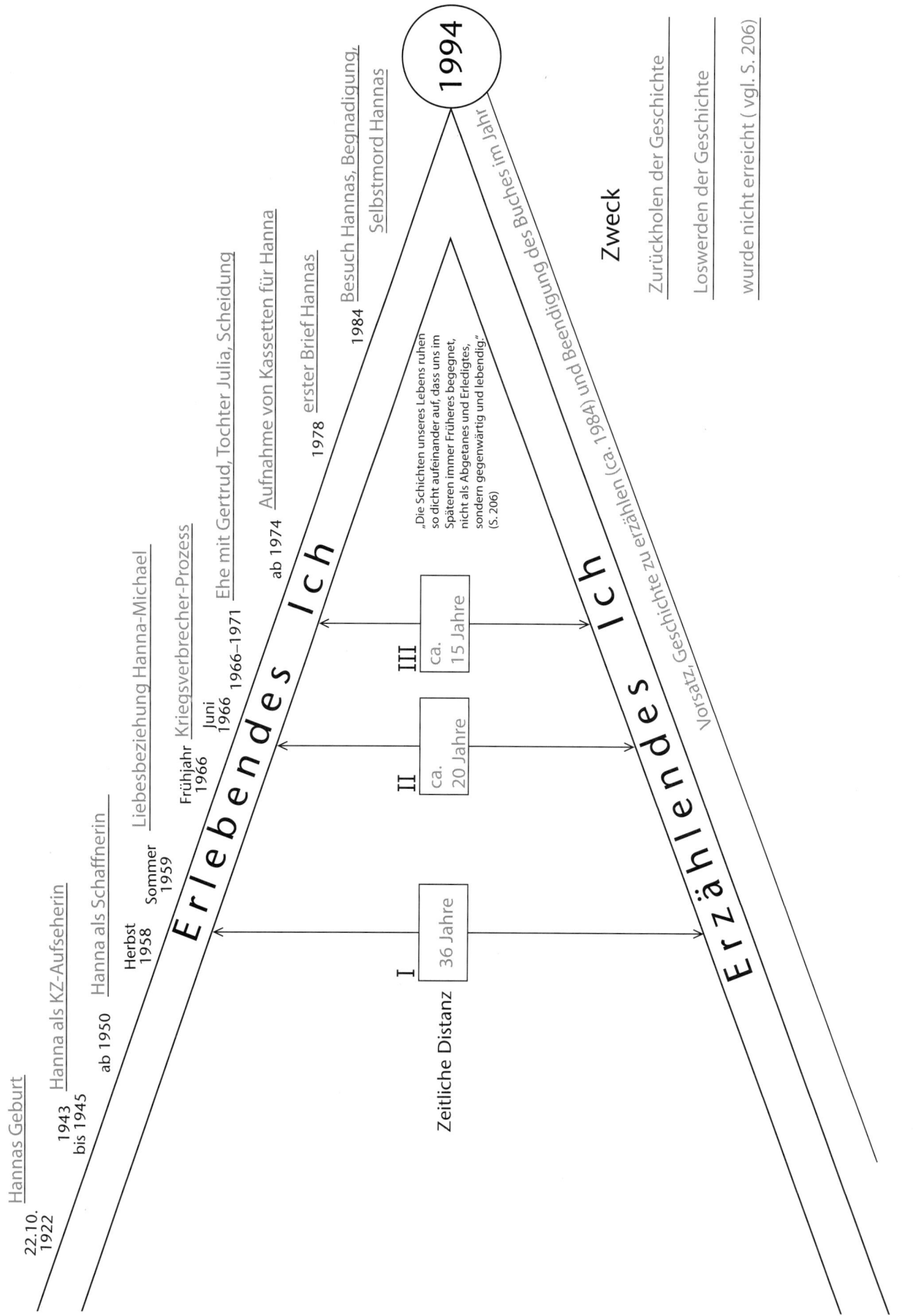

Arbeitsblatt 2

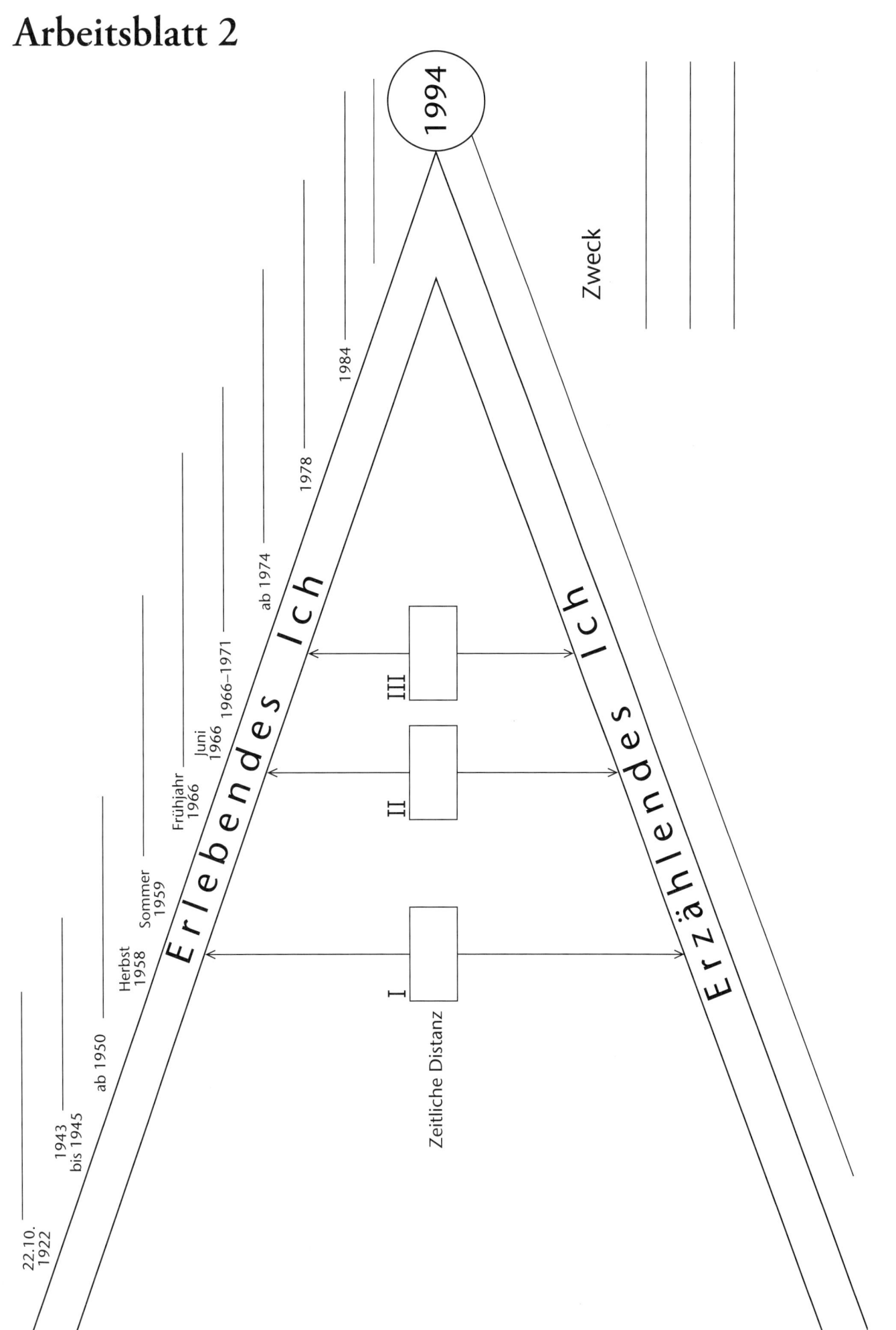

Arbeitsblatt 3

Nr.	Seite	Zeit	Erzählebene	Thema/Inhalt der Gedanken	Meine Antwort(en)
1	17	Herbst 1958	erlebendes Ich dann: erzählendes Ich	Gründe für Hannas Attraktivität aus Michaels Sicht	--- (vgl. Antwort des erzählenden Ichs)
2	21 f.	Herbst 1958	erzählendes Ich	Grund für Michaels Rückkehr zu Hanna bzw. allgemein für seine Entscheidungen	--- (vgl. Antwort des erzählenden Ichs)
3	28	Herbst 1958	erlebendes Ich dann: erzählendes Ich	Grund für Michaels Verliebtsein	
4	37	Herbst 1958	erlebendes Ich	Grund für Hannas Forderung nach Erfüllung der Pflicht	
5	38	Herbst 1958	erzählendes Ich	Grund für Michaels Trauer bei seinen Erinnerungen	
6	48	Ostern 1959	erlebendes Ich	Grund für Hannas Verletztsein nach Michaels Straßenbahnfahrt	
7	58	Ostern 1959	erzählendes Ich	Gründe für das Vertrauen der Eltern in Michael	
8	87 f.	Frühjahr 1966	erzählendes Ich	Kritik an Aufklärungseifer seiner Generation	---
9	88 f.	Frühjahr 1966	erzählendes Ich	Kritik an Aufklärungseifer seiner Generation	---
10	99 f.	Frühjahr 1966	erzählendes und erlebendes Ich	Michaels Fragen nach der Reaktion der zweiten Generation	
11	123	Frühjahr 1966	erlebendes Ich	Gründe für Hannas Verhalten während des Todesmarsches und des Kirchenbrandes	
12	126 f.	Frühjahr 1966	erlebendes Ich	Michaels plötzliche Erkenntnis von Hannas Analphabetismus als Ursache für ihr früheres und jetziges unerklärliches Verhalten	
13	128	Frühjahr 1966	erzählendes und erlebendes Ich	Abgrenzung Hannas von anderen Nazi-Verbrechern	---
14	132	1966	erlebendes Ich	Unsicherheit Michaels bezüglich einer Information des Richters über Hannas Mangel	
15	138	1966	erlebendes Ich	Unsicherheit Michaels bezüglich eines Gesprächs mit Hanna	
16	153	1966	erlebendes Ich	Gründe für unterlassenes Gespräch mit Hanna	
17	161 ff.	1966	erlebendes Ich später erzählendes Ich	Verhältnis der zweiten Generation zur Generation der Täter/Väter	
18	183	1984	erzählendes Ich	Kritik an ausbleibenden Besuchen Hannas im Gefängnis	---
19	190	1984	erlebendes Ich	Gewissensbisse Michaels wegen unterlassener Besuche bei Hanna	---
20	205	1984	erzählendes Ich	Schuldgefühle angesichts von Hannas Tod	

Arbeitsblatt 4

Hannas Analphabetismus

- Hanna nimmt Arbeit im KZ an
- Hanna lässt sich von weiblichen Häftlingen vorlesen
- Hanna gibt aus Scham zu, belastenden Bericht gelesen zu haben
- Hanna liest im Gefängnis Bücher über das Dritte Reich

- Hanna lässt sich von Michael vorlesen
- Michael bestimmt Verlauf der Radtour
- Hanna kann Michaels Zettel nicht lesen
- Hanna steht ehrfürchtig vor dem Bücherregal

- Ähnlich wie ihre früheren KZ-Insassinnen benutzt Hanna ihren Liebhaber als Vorleser
- Michaels Konflikt im Gericht

Hannas Vergangenheit als KZ-Aufseherin

Liebesbeziehung zwischen Michael und Hanna

- Hanna schlägt Michael mit Gürtel
- Hanna legt großen Wert auf Pflichterfüllung
- Hanna erzählt nichts über ihre Vergangenheit

Arbeitsblatt 4

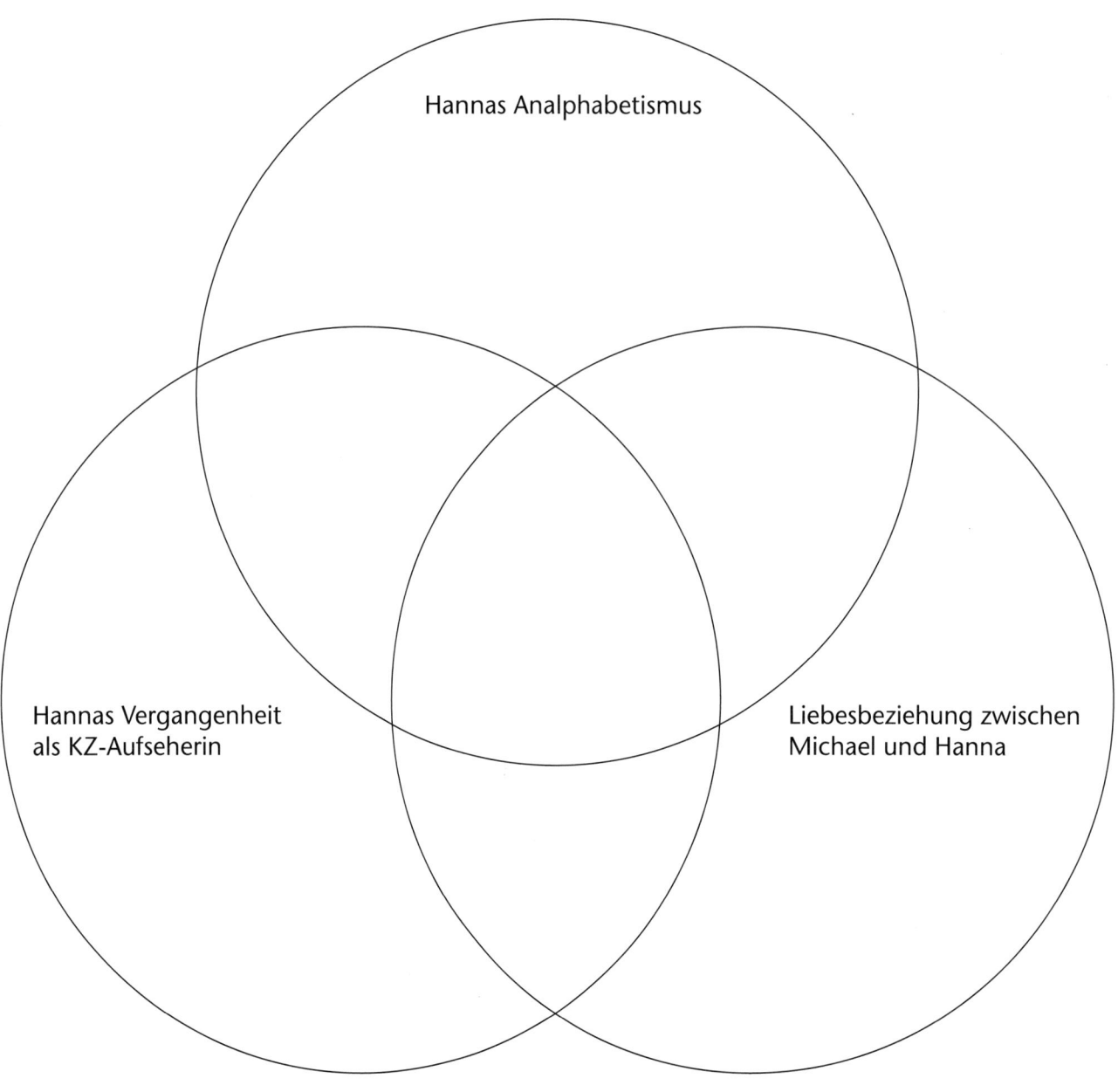